Die Deutsche Bibliothek verzeichnet diese Publikation in der Deutschen Nationalbibliografie; detaillierte bibliografische Daten sind im Internet über hhtp://ddb.de abrufbar.

Verlag und Herausgeber
omega verlag · Siegfried Reusch e. K.
Cheruskerstraße 9 · D-70435 Stuttgart
Tel. 0711/ 879 07 46 · Fax 0711/ 879 07 44
omegaverlagreusch@t-online.de
http://www.derblauereiter.de

Autor:
Richard Reschika

Bilder:
Keuchenius

Gesamtgestaltung, Innentypografie:
Schenk + Partner Mediendesign
www.schenkundpartner.de

Erste Auflage 2003
Alle Rechte vorbehalten

Das Buch und alle in ihm enthaltenen Beiträge und Abbildungen sind urheberrechtlich geschützt. Jede Verwertung außerhalb der engen Grenzen des Urheberrechtsgesetzes ist ohne schriftliche Genehmigung des Verlags unzulässig und strafbar. Das gilt insbesondere für Vervielfältigungen, Übersetzungen, Mikroverfilmungen und die Einspeicherung und Verarbeitung in elektronischen Systemen.

ISBN 3-933722-06-3

Printed in Germany

Richard Reschika

Nietzsches Bestiarium

Der Mensch – das wahnwitzige Tier

Bilder von Keuchenius

Abbildung: Friedrich Nietzsche

Inhalt

Einleitung	Seite 6

Teil I

Mensch und Tier: Eine spannungsreiche Beziehung im Wandel der Zeit	Seite 8
Das Bild im Spiegel	Seite 17
Das Vorurteil der Humanität	Seite 27
Nietzsches Tiermetaphern	Seite 31
Der Weg zum neuen Menschen	Seite 35
Zarathustra: „Es sind meine Thiere!"	Seite 40
„Die blonde Bestie"	Seite 44
Nietzsches Tierbilder und die deutsche Literatur	Seite 48

Teil II

Tierbilder – Menschenbilder	Seite 52
Anmerkungen	Seite 128
Literatur	Seite 133
Nietzsche-Kurzbiografie	Seite 135
Autor / Zeichner	Seite 138
Subskription	Seite 140
der blaue reiter – Journal für Philosophie	Seite 143

Einleitung

„Der Stolz des Menschen, der sich gegen die Lehre der Abstammung von Thieren sträubt und zwischen Natur und Mensch die grosse Kluft legt, – dieser Stolz hat seinen Grund in einem Vorurtheil über Das, was Geist ist: und dieses Vorurtheil ist verhältnissmässig jung."

Friedrich Nietzsche

Friedrich Nietzsche (1844–1900) definierte den Menschen in seinem philosophischen Œuvre wechselweise als „liebliche", „traurige" oder „wahnsinnige Bestie", als Kreatur, die ihren „gesunden Thierverstand" verloren hat, aber auch als das „unfestgestellte", „undurchsichtige", „phantastische Thier", das erst noch über sich hinauswachsen müsse. Entsprechend seiner von Charles Darwin (1809–1882) übernommenen Grundüberzeugung ist der Mensch vor allem ein animalisches Wesen. Jeder Versuch, ihm einen anderen, höheren Ursprung zuschreiben zu wollen, ist pure Illusion, mitunter verhängnisvolle Hybris.

Die verhältnismäßig junge Geschichte des Menschen stellt für Nietzsche lediglich die Fortsetzung der weit in die Vergangenheit reichenden tierischen und pflanzlichen Evolution dar. Selbst die vielfältigen sozialen Konventionen des Menschen, einschließlich seiner viel gepriesenen „Humanität", beruhen – dem tiefsinnigen Psychologen zufolge – bestenfalls auf „primitiven", mehr oder weniger unbewussten Handlungsmustern. Analog den tierischen Instinkten handelt es sich bei dem „ganzen moralischen Phänomen", seiner kulturell bedingten Genealogie, keineswegs um ein metaphysisches, sondern bloß um ein animalisches.

Es überrascht daher nicht, dass Nietzsches philosophisch-poetischer, dem rein abstrakten, begrifflichen Denken feindlicher Kosmos von einer Unzahl von Tieren bevölkert wird, die dem Menschen als natürlicher Spiegel seiner „Tugenden" und „Laster", ja sogar als echte Vor- und Leitbilder dienen sollen. In der Regel sind das Lebewesen mit hervorstechenden Fabelqualitäten, die primär auf menschliche Eigenschaften und Verhaltensweisen, auf Triebe und Triebkomplexe bezogen werden. Bemerkenswerterweise knüpft der Dichterphilosoph dabei jedoch nicht nur an die tradierte antike und christliche Tiersymbolik des Abendlandes an, wie sie vornehmlich in den so genannten Bestiarien, den mittelalterlichen allegorischen Tierbüchern, übermittelt wurde. Er nimmt vielmehr bewusst provokative Umwertungen vor, kreiert gleichsam seine eigene animalische Ikonografie, die – wie in der Kunstwissenschaft – zur notwendigen Voraussetzung sinngemäßen Erschließens wird.

Ein Streifzug durch Nietzsches originäres, sich wie ein roter Faden durch sein Gesamtwerk ziehendes Bestiarium führt mitten ins Herz seiner bahnbrechenden Philosophie, seiner scharfen Kultur- und Zivilisationskritik, die bis heute nichts an Brisanz eingebüßt hat.

„Der Mensch ist ein wunderliches Tier."
August Strindberg

Abbildung: Friedrich Nietzsche

Mensch und Tier:
Eine spannungsreiche Beziehung im Wandel der Zeit

„Wir haben wohl manches vor dem Tiere voraus; aber es ist nichts im Tiere, was nicht auch in uns wäre."[1] Es ist kein Zufall, dass man philosophische Erkenntnisse über die komplexe Beziehung zwischen Tier und Mensch – wie in diesem trefflichen Aphorismus von Ludwig Börne (1786–1837) – eher bei Literaten als bei erklärten Berufsdenkern findet. Denn während sich Dichter aller Zeiten und Länder im Allgemeinen intensiv mit dem rätselhaften Wesen der Tiere und deren heiklen, ambivalenten Verhältnis zu uns Menschen auseinander setzten, spielte die Beschäftigung mit der animalischen Welt zumindest unter abendländischen Philosophen und Theologen nur eine bescheidene Nebenrolle.

Der Unzahl von tiefgründigen Tiermythen, Fabeln und Märchen, aber auch einfühlsamen künstlerischen Tierdarstellungen von Malern und Bildhauern – man denke auch an die vieldeutigen antiken Mischwesen, etwa an den bocksbeinigen Gott Pan oder die Schar fischleibiger Meerwesen, an die kämpferischen Kentauren und rätselhaften Sphingen – steht auf rein theoretischem Gebiet in historischer Perspektive nichts Vergleichbares entgegen. Empathische, das heißt einfühlende Einsichten wie die folgende des Sprachforschers Jacob Grimm (1785–1863) wird man in der Geschichte der Philosophie kaum antreffen: „Es ist nicht bloß die äußere Menschenähnlichkeit der Thiere, der Glanz ihrer Augen, die Fülle und Schönheit ihrer Gliedmaßen, was uns anzieht, auch die Wahrnehmung ihrer mannigfachen Triebe, Kunstvermögen, Begehrungen, Leidenschaften und Schmerzen zwingt, in ihrem Innern ein Analogon von Seele anzuerkennen."[2]

In der Philosophiegeschichte wurde über Jahrtausende insbesondere der vermeintlich gewaltige Unterschied zwischen Mensch und Tier diskutiert und der

„Der Mensch ist das Tier, das fragt."
Nikos Kazantzakis

Homo sapiens auf Kosten der Kreatur metaphysisch wie moralisch überhöht. Dies ungeachtet der großen kultischen Verehrung der Tiere als Erscheinungsformen des Göttlichen und als dem Menschen ebenbürtige „Mitgeschöpfe" in fast allen archaischen Naturreligionen.

Waren die älteren griechischen Philosophen noch davon überzeugt, dass den Tieren ein dem Menschen ähnliches Seelenleben zukomme – nach Pythagoras (um 570–480 v. Chr.) können sogar Seelen von Menschen in Tiere und von Tieren in Menschen übergehen –, so schrieb Aristoteles (384/3–322/1 v. Chr.) den Tieren nur eine empfindende Seele zu, während er die denkende, vernünftige dem Menschen allein vorbehielt und ihn daher als „animal rationale" bezeichnete. Ausgehend vom Merkmal der Rationalität wurde das Tier in der abendländischen Tradition bis in die Moderne fast durchgehend als vernunft- und sprachloses Wesen, als triebhaftes, stumpfes Geschöpf aufgefasst – kurzum als ein „animal brutum", das als solches in seiner Entgegensetzung zum Menschen beziehungsweise auf Grund seiner vermeintlichen Wildheit „bestia" genannt wurde.

Dass ein Blick auf die Wortgeschichte aber auch ganz andere Schlussfolgerungen zulässt, unterstreicht Paul Münch in seinem Essay *Freunde und Feinde. Tiere und Menschen in der Geschichte*: „‚Animal' bezeichnet im Lateinischen ein Lebewesen, das eine ‚Seele' (anima) besitzt, während der Mensch (homo) ein aus ‚Humus' gebildeter Erdenkloß ist ... Vielleicht besitzen Tiere tatsächlich noch etwas von jener wunderbar altmodischen Kraft, die man früher ‚Seele' (anima)

„‚Animal' bezeichnet im Lateinischen ein Lebewesen, das eine ‚Seele' (anima) besitzt, während der Mensch (homo) ein aus ‚Humus' gebildeter Erdenkloß ist ..."
Paul Münch

Abbildung: Friedrich Nietzsche

genannt hat. Sie ist ihnen, was bereits die alten Griechen erkannten, von Natur aus unverlierbar eingeprägt. Sie lenkt ihr Leben in den von der Natur vorgegebenen Bahnen."[3]

Der Lehre der Stoa, der großen griechisch-römischen Philosophenschule, zufolge hat das Tier zwar Empfindungen, Vorstellungen und Triebe, aber es handelt nicht aus Einsicht, sondern wird gewissermaßen durch die Natur „verwaltet". Und weil die Tiere vernunftlos seien, habe der Mensch ihnen gegenüber keinerlei Rechtsverpflichtungen, sondern könne sie völlig frei zu seinem Nutzen gebrauchen. Ja, die Tiere seien im Grunde genommen nur zum Wohle des Menschen erschaffen worden: als Jagdbeute und domestizierte Nutztiere – gezähmt und gezüchtet, gehütet und verzehrt –, als Arbeitskraft, zu militärischen Zwecken oder rein zur Unterhaltung und Erbauung.

Aus der Bestimmung als vernunftloses Wesen sowie aus der neutestamentlichen Beschreibung des Tieres als triebhaftes, feindliches, gar dämonisches Wesen entwickelte sich in der Patristik – etwa durch den Kirchenvater Aurelius Augustinus (345–430) – die Vorstellung der Gottesferne der Tiere sowie die Vorstellung ihrer Nichttauglichkeit zur Religion und zur Glückseligkeit. Zwischen Mensch und Tier sah man keine Gemeinsamkeiten oder gar gemeinsamen Rechte – ja, es wäre geradezu Aberglauben, Tiere nicht zu töten. Die Qualen der Tiere gingen den Menschen ausdrücklich nichts an.

Ähnlich dachten auch Albertus Magnus (1193–1280) und Thomas von Aquin (1225/6–1274), dachte das gesamte christlich geprägte Mittelalter, welches – nach biblischem Vorbild – das unumschränkte Verfügungsrecht des Menschen über die Kreaturen betonte, einerlei, ob es sich dabei um so genannte reine oder unreine

Tiere handelte. Liest sich doch schon der Schöpfungsbericht der *Genesis* wie ein Freibrief zur Unterjochung der animalischen Natur durch den Menschen: „Und Gott schuf den Menschen zu seinem Bilde, zum Bilde Gottes schuf er ihn; und schuf sie als Mann und Weib. Und Gott segnete sie und sprach zu ihnen: Seid fruchtbar und mehret euch und füllet die Erde und machet sie euch untertan und herrschet über die Fische im Meer und über die Vögel unter dem Himmel und über das Vieh und über alles Getier, das auf Erden kriecht."[4]

In der Renaissance diente das Tier weiterhin als negative „Folie" des bloß Natürlichen, vor der die geistigen Eigenschaften des Menschen, aus denen sich seine absolute Herrschaft über die Natur herleitet, umso stärker herausgekehrt wurden. So definierte Giovanni Pico della Mirandola (1463–1494), einer der wichtigsten Vertreter des Florentiner Platonismus, die Würde des Menschen in seiner berühmten Rede *De hominis dignitate* von 1486 gerade in Absetzung vom Bestialischen, wenn er dem Menschen – im krassen Unterschied zum Tier – Entwicklungsfähigkeit und die Freiheit, sich selbst zu bilden, zuschreibt: „Die Tiere tragen gleich bei ihrer Geburt aus dem Beutel ihrer Mutter ... mit sich fort, was sie besitzen werden ... Im Menschen (hingegen) sind bei seiner Geburt von Gottvater vielerlei Samen und Keime für jede Lebensform angelegt; welche ein jeder hegt und pflegt, die werden heranwachsen und ihre Früchte in ihm tragen. Sind es pflanzliche, wird er zur Pflanze, sind es sinnliche, zum Tier werden. Sind es Keime der Vernunft, wird er sich zu einem himmlischen Lebewesen entwickeln; sind es geistige, wird er ein Engel sein und Gottes Sohn."[5]

Elemente einer ausgesprochen dualistischen Anthropologie, innerhalb deren das Tier für das Körperliche,

„Der Mensch wird schneller tierisch als ein Tier menschlich."
Jean Paul

> „Der Mensch in seinen höchsten und edelsten Kräften ist ganz Natur."
> Friedrich Nietzsche

> „Unmenschen gibt es, aber keine Untiere."
> Karl Julius Weber

Sündige und Irrationale im Menschen steht, finden sich zudem in den Schriften von Marsilio Ficino (1433–1499), Agrippa von Nettesheim (1486–1535), Aureolus Theophrastus Paracelsus (1493–1541), Jakob Böhme (1575–1624) und anderen bedeutenden Denkern der Renaissance. Zu den wenigen Ausnahmen in dieser Zeit zählen wiederum bildende Künstler wie etwa der Manierist G. B. della Porta (1540–1615), der in seiner berühmten *Humana Physiognomonia* von 1586 Menschengesichter mit Tiergesichtern verglich und damit an eine Idee von Aristoteles anknüpfte.

René Descartes (1596–1650), der „Vater der neueren Philosophie" und Begründer des modernen Rationalismus, erklärte Anfang des 17. Jahrhunderts die Tiere schließlich zu bloßen seelenlosen Körperautomaten, zu „Bêtes machines", wie er die zoologischen Mit-Lebewesen des Menschen despektierlich bezeichnete. Wenn ein Tier, das man schlägt, schreit, so Descartes, bedeute dies nicht mehr, als wenn die Orgel ertönt, deren Taste man niederdrückt. Etwas abgemildert urteilte 1677 Baruch de Spinoza (1632–1677) in seiner „nach geometrischer Methode dargestellten" (!) *Ethik*: „Ich leugne ... nicht, daß die Tiere Empfindungen haben; ich leugne nur, daß es uns deshalb verboten sein soll, für unseren Nutzen zu sorgen und sie nach Gefallen zu gebrauchen und zu behandeln, wie es uns am meisten zusagt, da sie ja von Natur aus nicht mit uns übereinstimmen und ihre Affekte von den menschlichen der Natur nach verschieden sind."[6]

Deutliche Kritik an derlei rein auf den Menschen bezogenen Auffassungen übte, von einem dezidiert skeptischen Standpunkt aus, Michel de Montaigne (1533–1592): Nicht Wissen, sondern bloßer „Eigendünkel" veranlasse den Menschen, sich von der übrigen Schöpfung abzusondern und den Tieren willkürlich nichts mehr an Fähigkeiten zuzuschreiben, als ihm selbst gutdünkt. Der französische Essayist und Begründer dieser literarischen Gattung forderte daher, die Gleichheit zwischen Mensch und Tier anzuerkennen. Denn allen Anzeichen zufolge kommunizieren auch die Tiere untereinander, haben Affekte, Tugenden, Voraussicht und sogar eine „innere Urteilskraft", die sie lernfähig mache. Die definitive Unkenntnis des Menschen hinsichtlich des Inneren der Tiere verbiete selbst die Behauptung, sie seien ohne Religion. Mit dieser revolutionären Sicht des Tier-Mensch-Verhältnisses blieb Montaigne zu seiner Zeit jedoch weit gehend allein.

Der lang tradierte, letzten Endes unannehmbare anthropozentrische Standpunkt sollte erst im 18. Jahrhundert durch einige Vertreter der französischen und deutschen Aufklärung aufgegeben werden: So wandte sich François Marie Voltaire (1694–1778) heftig gegen die These der Empfindungslosigkeit des Tiers, das doch dieselben Sinnesorgane aufweise wie der Mensch. In der atheistisch-materialistischen Theorie Julien Offray de La Mettries (1709–1751), der gemäß alles Geistige von der körperlichen Organisation abhängt, ist sogar jeder wesentliche Unterschied zwischen Tier und Mensch getilgt, insofern Letzterer sich selbst als Maschine erweist: Unterschieden ist der Mensch lediglich in der Feinheit der körperlichen Organisation. La Mettrie billigte den Tieren nicht nur Denken und Empfinden, sondern auch Moral zu: „Der Übergang von den Tieren zum Menschen ist kein gewaltsamer; die wahren Philosophen werden darin übereinstimmen. Was war der Mensch vor der Erfindung der Wörter und der Kenntnis der Sprachen? Ein Tier seiner Art, das mit sehr viel weniger natürlichem Instinkt als die anderen – für deren König er sich damals

„Der Übergang von den Tieren zum Menschen ist kein gewaltsamer; die wahren Philosophen werden darin übereinstimmen."
Julien Offray de La Mettrie

Abbildung: Friedrich Nietzsche

„Schon als Tier hat der Mensch Sprache."
Johann Gottfried Herder

noch nicht hielt – sich nicht mehr vom Affen und von den anderen Tieren unterschied als der Affe selbst von diesen; ich meine durch eine Physiognomie, die ein größeres Unterscheidungsvermögen verrät ... Man wende nur nicht ein, daß die Tiere meistens grausame Geschöpfe seien, welche nicht in der Lage seien, die Leiden, die sie verursachen, zu empfinden; können denn alle Menschen besser die Laster und die Tugenden unterscheiden? Es gibt in unserer Gattung Grausamkeit, ebenso wie in der ihrigen. Die Menschen, die aus barbarischer Gewohnheit das Naturgesetz brechen, werden davon nicht so gequält wie jene, die es das erste Mal übertreten und die die Macht des Beispiels nicht im Geringsten abgehärtet hat. Bei den Tieren ist es wie bei den Menschen. Die einen wie die anderen können – je nach ihrem Temperament – mehr oder weniger grausam sein, und sie werden es noch mehr im Zusammensein mit jenen, die es schon sind ... Der Mensch ist aus keinem wertvolleren Lehm geknetet; die Natur hat nur ein und denselben Teig verwendet, bei dem sie lediglich die Hefezusätze verändert hat."[7]

Die Verteidigung der Empfindungsfähigkeit des Tiers wurde im 18. Jahrhundert zur Grundlage erster tierethischer und später tierrechtlicher Überlegungen, die später in den modernen Tierschutzgedanken einflossen. Nicht zufällig folgte die Tierschutzbewegung zeitlich rasch auf die Sklavenbefreiung. Im Zuge des Erstarkens der Tierliebe wurde die Natürlichkeit des Tiers, dessen vorteilhafte biologische Ausstattung und Instinkthaftigkeit sowie seine unkomplizierte Existenz im Einklang mit der Natur zum Inbegriff einer glücklichen Lebensform und nun zur positiven „Folie", um die Entfremdung des Menschen und die Nachteile der Kultur zu verdeutlichen. Bei Jean-Jacques Rousseau (1712–1778) dienen die autarke Lebensweise und die einfachen Bedürfnisse des Tiers, sein spontaner Weltbezug, als Vorbild für seine Idee des selbstbestimmten „homme naturel". Tiere gelten nicht länger nur als „Zerrbilder des Menschen", wie Johann Wolfgang von Goethe (1749–1832) schrieb, im Gegenteil: Die von der Natur entfremdeten Menschen werden nun zu „Zerrbildern der Tiere" erklärt.

Auch für Johann Gottfried Herder (1744–1803) haben die Tiere Vorbildcharakter: Die Geschichte des Menschen sei geprägt von seinem Verhältnis zu den Tieren als „der Menschen ältere Brüder", von denen er „in Absicht auf Speise, Lebensart, Kleidung, Geschicklichkeit, Kunst, Triebe" gelernt und sich auf diese Weise fortschreitend kultiviert habe. Jahrzehnte vor Darwins biologisch begründeter Abstammungslehre formulierte dieser Geisteswissenschaftler ein Paradoxon, das bis auf den heutigen Tag nicht aufgelöst werden kann: „Schon als Tier hat der Mensch Sprache."[8]

Im 19. Jahrhundert waren es vor allem die naturwissenschaftlichen Befunde eines Darwin oder Ernst Haeckel (1834–1919), welche die anthropozentrische Sichtweise auf das Tier vollends revidierten und das Ranggefälle zwischen Mensch und Tier drastisch reduzierten. Sie unterstrichen die frappante evolutionäre Nähe von Mensch und Tier, wie sie sich nicht zuletzt in der Sphäre der Triebe und Gefühle ausdrückt, vom Körperbau und von den Sinnesorganen ganz zu schweigen. In seinem Hauptwerk *Die Abstammung des Menschen* lesen wir daher bei Darwin: „Wir müssen ... einräumen, daß der Mensch

„Wir müssen ... einräumen, daß der Mensch mit allen seinen hohen Eigenschaften noch immer in seinem Körper den unauslöschlichen Stempel seines niederen Ursprungs trägt."
Charles Darwin

Natura non facit saltus – die Natur macht keine Sprünge.

mit allen seinen hohen Eigenschaften noch immer in seinem Körper den unauslöschlichen Stempel seines niederen Ursprungs trägt."⁹ Zwischen Mensch und Tier gibt es keinen oder höchstens einen graduellen, die feinere Nervenstruktur betreffenden Unterschied, lautet seitdem die provokante Botschaft: „Natura non facit saltus" – die Natur macht keine Sprünge.

Sämtliche in den vergangenen zwei Jahrhunderten seitens der Biowissenschaften vorgenommenen Versuche, stichhaltige Unterscheidungskriterien – wie Sprache, Gebrauch von Werkzeugen sowie (Selbst-)Bewusstsein – zwischen Tier und Mensch aufrechtzuerhalten, können letzten Endes als gescheitert gelten. Denn auch Tiere besitzen ausgeklügelte Kommunikations- und Codesysteme, bedienen sich raffinierter technischer Hilfsmittel und verfügen sogar über eine Art von (Selbst-)Bewusstsein, wie die so genannten Spiegel-Experimente mit Affen und neuerdings mit Delfinen eindrücklich vor Augen führen. Die Differenz zwischen Tier und Mensch ist allenfalls gradueller Natur.

Wie wir heute aus der Genforschung wissen, deckt sich das Genom des Menschen, das heißt seine im Chromosomensatz vorhandenen Erbanlagen, zu rund 99 % mit dem Genom der höher entwickelten Affenarten. Die Differenz der genetischen Ausstattung zwischen Menschen und Schimpansen entspricht etwa der Differenz zwischen Haus- und Feldmäusen! Tiere und Menschen beginnen sich wieder ein Stück weit anzunähern.

„Wir haben umgelernt. Wir sind in allen Stücken bescheidner geworden. Wir leiten den Menschen nicht mehr vom ‚Geist‘, von der ‚Gottheit‘ ab, wir haben ihn unter die Thiere zurückgestellt."

Friedrich Nietzsche

das Bild im Spiegel

Zu den Philosophen, die sich in ihren Werken ernsthaft um eine längst überfällige Korrektur der verzerrten Beziehung zwischen Mensch und Tier bemühten, steht – im Anschluss an Arthur Schopenhauer (1788–1860), der die cartesische und kantische Auffassung vom Tier als bloßer Sache aufs Schärfste kritisierte – in der zweiten Hälfte des 19. Jahrhunderts Friedrich Nietzsche an vorderster Front. Dass es dabei ausgerechnet ein Dichterphilosoph war, der den willkürlich aufgerissenen Hiatus zwischen Tier und Mensch zu schließen versuchte, versteht sich vor dem historischen Hintergrund von selbst: „Wir haben umgelernt. Wir sind in allen Stücken bescheidner geworden. Wir leiten den Menschen nicht mehr vom ‚Geist‘, von der ‚Gottheit‘ ab, wir haben ihn unter die Thiere zurückgestellt. Er gilt uns als das stärkste Thier, weil er das listigste ist: eine Folge davon ist seine Geistigkeit. Wir wehren uns anderseits gegen eine Eitelkeit, die auch hier wieder laut werden möchte: wie als ob der Mensch die grosse Hinterabsicht der thierischen Entwicklung gewesen sei. Er ist durchaus keine Krone der Schöpfung, jedes Wesen ist, neben ihm, auf einer gleichen Stufe der Vollkommenheit... Und indem wir das behaupten, behaupten wir noch zuviel: der Mensch ist, relativ genommen, das missrathenste Thier, das krankhafteste, das von seinen Instinkten am gefährlichsten abgeirrte – freilich, mit alle dem, auch das *interessanteste!*"[10] Die von Nietzsche 1888 in seiner Kampfschrift *Der Antichrist. Fluch auf das Christentum* formulierte Grundüberzeugung, dass der Mensch vor allem ein animalisches Wesen und jeder Versuch, ihm einen anderen, höheren Ursprung zuschreiben zu wollen, nur pure Illusion, mitunter verhängnisvolle Hybris sei, zieht sich wie ein roter Faden durch sein philosophisches Gesamtwerk. Die Idee, dass der Mensch „die erstaunliche

„Der Mensch ist, relativ genommen, das missrathenste Thier, das krankhafteste, das von seinen Instinkten am gefährlichsten abgeirrte – freilich, mit alle dem, auch das interessanteste!"

Friedrich Nietzsche

Ausnahme, das Überthier, der Fast-Gott, der Sinn der Schöpfung" sei, zählt Nietzsche daher zu den „Grundirrtümern" der menschlichen Geschichte.

Selbst die Vorstellung, dass die so genannte Humanität den Menschen vor der Natur „auszeichnet", weist der Philosoph in einem bereits 1872 für Cosima Wagner geschriebenen Essay mit dem Titel *Homer's Wettkampf* strikt zurück: „Aber eine solche Abscheidung giebt es in Wirklichkeit nicht: die ‚natürlichen' Eigenschaften und die eigentlich ‚menschlich' genannten sind untrennbar verwachsen. Der Mensch, in seinen höchsten und edelsten Kräften, ist ganz Natur und trägt ihren unheimlichen Doppelcharakter an sich. Seine furchtbaren und als unmenschlich geltenden Befähigungen sind vielleicht sogar der fruchtbare Boden, aus dem allein alle Humanität, in Regungen, Thaten und Werken hervorwachsen kann."[11]

Wechselweise definiert Nietzsche den Menschen in seinem Œuvre als „liebliche", „traurige" oder „wahnsinnige Bestie", als „ein im höchsten Grade der Furcht zugängliches Thier" und zugleich als „grausamstes Thier", insbesondere gegen sich selbst. Ja, sogar als durchaus bedauernswerte Kreatur, die ihren „gesunden Thierverstand" verloren hat und dabei zu einem „phantastischen Thier" mutiert ist. Denn im Unterschied zum Tier entbehrt der Mensch, das „biologische Mängelwesen" – wie der Anthropologe Arnold Gehlen (1904–1976) später den Menschen titulieren sollte – sicherer Instinkte und benötigt vernünftige Gründe sowie feste Prinzipien, um sein Dasein zu fristen. In diesem Sinne schrieb auch der Schweizer Schriftsteller Jakob Boßhart (1862–1924) in seinem Buch *Bausteine zu Leben und Zeit* nicht minder provokant: „Das Tier lebt gewiss weniger bewusst als der Mensch, aber tiefer in der Wirklichkeit." Somit

„Das Tier lebt gewiss weniger bewusst als der Mensch, aber tiefer in der Wirklichkeit."
Jakob Boßhart

steht der Homo sapiens zunächst quer zum Leben, das heißt insbesondere zum Willen zum Leben, weil dieser, wie alles Schöpferische überhaupt – laut Nietzsche – allein dem Unbewussten und Irrationalen entspringt: „Der Mensch ist allmählich zu einem phantastischen Thiere geworden, welches eine Existenz-Bedingung mehr, als jedes andere Thier, zu erfüllen hat: der Mensch *muss* von Zeit zu Zeit glauben, zu wissen, *warum* er existirt, seine Gattung kann nicht gedeihen ohne ein periodisches Zutrauen zu dem Leben! Ohne Glauben an die *Vernunft im Leben!* Und immer wieder wird von Zeit zu Zeit das menschliche Geschlecht decretiren: ‚es giebt Etwas, über das absolut nicht mehr gelacht werden darf!'"[12]

Im Gegenzug apostrophiert Nietzsche den Menschen aber auch als das „noch nicht festgestellte", „undurchsichtige" „Nicht-mehr-Thier" oder „Halbthier", kurzum als jenes „Rätselthier", über das die Evolution noch nicht das letzte Wort gesprochen hat und das – etwa in Gestalt des Übermenschen – erst noch über sich hinaus wachsen müsse. Seinen Zarathustra lässt Nietzsche deshalb pathetisch die mahnenden Worte verkünden: „Alle Wesen bisher schufen Etwas über sich hinaus: und ihr wollt die Ebbe dieser grossen Fluth sein und lieber noch zum Thiere zurückgehn, als den Menschen überwinden? Was ist der Affe für den Menschen? Ein Gelächter oder eine schmerzliche Scham. Und ebendas soll der Mensch für den Übermenschen sein: ein Gelächter oder eine schmerzliche Scham ... Der Mensch ist ein Seil, geknüpft zwischen Thier und Übermensch, – ein Seil über einem Abgrunde."[13]

Auch wenn Nietzsche Darwin und seine revolutionäre Abstammungslehre im Einzelnen kritisierte und sogar verspottete – indem er etwa polemisierend behaup-

„Der Mensch ist ein Seil, geknüpft zwischen Thier und Übermensch, – ein Seil über einem Abgrunde."
Friedrich Nietzsche

> *„Ihr habt den Weg vom Wurme zum Menschen gemacht, und Vieles ist in euch noch Wurm. Einst wart ihr Affen, und auch jetzt noch ist der Mensch mehr Affe, als irgend ein Affe."*
> Friedrich Nietzsche

tete, dass die Menschen gar nicht von den Affen abstammen könnten, da diese zu gutmütig seien! –, blieb er in diesem entscheidenden Punkt Kind seiner Zeit. Letzten Endes gelang es ihm nicht, sich aus dem Bann dieses einflussreichen Naturwissenschaftlers zu lösen, erkannte auch er in der verhältnismäßig jungen Geschichte des Menschen lediglich die natürliche Fortsetzung der weit in die Vergangenheit reichenden tierischen und pflanzlichen Evolution. Rüdiger Safranski hat in seinem jüngsten Nietzsche-Buch die „zwei Grundgedanken, die, als Allgemeingut der intellektuellen Kultur jener Jahre, auch für Nietzsche zu selbstverständlichen Hintergrundannahmen geworden waren", zusammengefasst: „Zum einen ist es der Entwicklungsgedanke. Er ist, bezogen auf die geistige Kultur und das Bewußtsein nicht neu. Der ganze Hegelianismus und die nachfolgende historische Schule haben ihn ins Spiel gebracht als Entwicklungsgesetz der geistigen Metamorphosen. Was durch Darwin neu hinzukam – und das ist der zweite Grundgedanke –, war die Anwendung der Entwicklungshypothese auf die biologische Substanz. Die biologische Geschichte wirkte ... als drastische Abwertung des Menschen."[14] Der Affe wird zum frühen Verwandten des Menschen, weshalb Nietzsche seinen Zarathustra erklären lässt: „Ihr habt den Weg vom Wurme zum Menschen gemacht, und Vieles ist in euch noch Wurm. Einst wart ihr Affen, und auch jetzt noch ist der Mensch mehr Affe, als irgend ein Affe."[15] – „Die Definition des Menschen als Produkt biologischer Entwicklung hatte zur Folge, daß auch der sogenannte Geist als Funktion eines Körperteils – des Kopfes, des Rückenmarks, der Nerven usw. – verstanden wurde. In diesem Sinne richtet auch Nietzsche seine Aufmerksamkeit auf die physiologische Seite der geistigen Prozesse und spricht im *Zarathustra* von der ‚grossen Vernunft' des Leibes (im Gegensatz zur ‚kleinen Vernunft' seines Intellekts)."[16] – „Aber der Erwachte, der Wissende sagt: Leib bin ich ganz und gar, und Nichts ausserdem; und Seele ist nur ein Wort für Etwas am Leibe. Der Leib ist eine grosse Vernunft, eine Vielheit mit Einem Sinne, ein Krieg und ein Frieden, eine Heerde und ein Hirt. Werkzeug deines Leibes ist auch deine kleine Vernunft, mein Bruder, die du ‚Geist' nennst, ein kleines Werk- und Spielzeug deiner grossen Vernunft. ‚Ich' sagst du und bist stolz auf diess Wort. Aber das Grössere ist, woran du nicht glauben willst, – dein Leib und seine grosse Vernunft: die sagt nicht Ich, aber thut Ich."[17] Mit dieser Naturalisierung des Geistes geht – sieht man von der „geradezu euphorischen Vision einer Höherentwicklung des Menschen" in der Gestalt des „Übermenschen" zunächst einmal ab – zwangsläufig auch eine Relativierung der bisherigen sakrosankten Sonderstellung des Menschen, mithin eine eindeutige Abwertung einher.

Der Intellekt – einst das Unterscheidungskriterium par excellence zwischen Mensch und Tier – ist laut Nietzsche nicht mehr als ein Hilfsmittel zur Erhaltung des Individuums und wird als solches zumeist nur zur Verstellung benutzt: „Denn diese ist das Mittel, durch das die schwächeren, weniger robusten Individuen sich erhalten, als welchen einen Kampf um die

„Was weiß der Mensch eigentlich von sich selbst?"
Friedrich Nietzsche

Abbildung: Friedrich Nietzsche

> *„Verschweigt die Natur dem Mensch nicht das Allermeiste, selbst über seinen Körper?"*
> Friedrich Nietzsche

> *„Woher, in aller Welt, bei dieser Constellation der Trieb zur Wahrheit!"*
> Friedrich Nietzsche

Existenz mit Hörnern oder scharfem Raubthier-Gebiss zu führen versagt ist. Im Menschen kommt diese Verstellungskunst auf ihren Gipfel: hier ist die Täuschung, das Schmeicheln, Lügen und Trügen, das Hinter-dem-Rücken-Reden, das Repräsentiren, das im erborgten Glanze Leben, das Maskirtsein, die verhüllende Convention, das Bühnenspiel vor Anderen und vor sich selbst, kurz das fortwährende Herumflattern um die eine Flamme Eitelkeit..."[18] Das menschliche Bewusstsein bildet für Nietzsche lediglich eine abhängige kleine Provinz des Unbewussten und Triebhaften, aus dem alles Leben, vor allem der irrationale *Wille* zum Leben hervorgeht. Im Widerspruch zu seiner narzisstischen Selbstüberschätzung ist das Bewusstsein jedoch ohnmächtig. Es tut nicht, sondern wird vom weisen „Selbst" getan, das in Nietzsches Philosophie als ein umfassender Ausdruck für die Gesamtheit des Menschen als leibliches Individuum fungiert.

Den nach wahrer Selbsterkenntnis vergeblich dürstenden Menschen stellt sich der Philosoph daher – in geradezu genialer Vorwegnahme psychoanalytischer Ergebnisse – „gleichsam auf dem Rücken eines Tigers in Träumen hängend" vor: getrieben von „niederen" animalischen Affekten wie Gier, Unersättlichkeit und sogar Mordlust, denen aber an sich kein moralischer Charakter zukommt, die vielmehr jenseits von gut und böse liegen: „Was weiss der Mensch eigentlich von sich selbst! Ja, vermöchte er auch nur sich einmal vollständig, hingelegt wie in einen erleuchteten Glaskasten, zu percipiren? Verschweigt die Natur ihm nicht das Allermeiste, selbst über seinen Körper, um ihn, abseits von den Windungen der Gedärme, dem raschen Fluss der Blutströme, den verwickelten Fasererzitterungen, in ein stolzes gauklerisches Bewusstsein zu bannen und einzuschliessen! Sie warf den Schlüssel weg: und wehe der verhängnissvollen Neubegier, die durch eine Spalte einmal aus dem Bewusstseinszimmer heraus und hinab zu sehen vermöchte und die jetzt ahnte, dass auf dem Erbarmungslosen, dem Gierigen, dem Unersättlichen, dem Mörderischen der Mensch ruht, in der Gleichgültigkeit seines Nichtwissens, und gleichsam auf dem Rücken eines Tigers in Träumen hängend. Woher, in aller Welt, bei dieser Constellation der Trieb zur Wahrheit!"[19]

In seinem Schlüsselessay *Über Wahrheit und Lüge im aussermoralischen Sinne* von 1873 führt der Philosoph auch die spätestens seit Sokrates (469–399 v. Chr.) grassierende Überschätzung des Intellekts sowie die Vergeblichkeit menschlichen Wahrheitsstrebens und objektiver Erkenntnis anhand einer selbst erdichteten Fabel plastisch vor Augen: „In irgend einem abgelegenen Winkel des in zahllosen Sonnensystemen flimmernd ausgegossenen Weltalls gab es einmal ein Gestirn, auf dem kluge Thiere das Erkennen erfanden. Es war die hochmüthigste und verlogenste Minute der ‚Weltgeschichte': aber doch nur eine Minute. Nach wenigen Athemzügen der Natur erstarrte das Gestirn, und die klugen Thiere mussten sterben. – So könnte Jemand eine Fabel erfinden und würde doch nicht genügend illustrirt haben, wie kläglich, wie schattenhaft und flüchtig, wie zwecklos und beliebig sich der menschliche Intellekt innerhalb der Natur ausnimmt; es gab Ewigkeiten, in denen er nicht war; wenn es wieder mit ihm vorbei ist, wird sich nichts begeben haben. Denn es giebt für jenen Intellekt keine weitere Mission, die über das Menschenleben hinausführte. Sondern menschlich ist er, und nur sein Besitzer und Erzeuger nimmt ihn so pathetisch, als ob die Angeln der Welt sich in ihm drehten. Könnten wir uns aber mit der Mücke verständigen, so würden

Der Mensch – eine pathetische, in zahllosen Illusionen befangene Mücke.

Abbildung: Friedrich Nietzsche

„Könnten wir uns aber mit der Mücke verständigen, so würden wir vernehmen, dass auch sie mit diesem Pathos durch die Luft schwimmt und in sich das fliegende Centrum dieser Welt fühlt."
Friedrich Nietzsche

wir vernehmen, dass auch sie mit diesem Pathos durch die Luft schwimmt und in sich das fliegende Centrum dieser Welt fühlt."[20]

Der Mensch – das eigentliche Ziel, der krönende Abschluss des Evolutionsprozesses? Nein, nur eine pathetische, in zahllosen Illusionen befangene Mücke – zumindest solange er an seinem größenwahnsinnigen, weltfremden und folglich fatalen Anthropozentrismus festhält! Dabei schließt Nietzsche selbstredend auch die eigene, das „Eulen-Unthier" der Minerva als Wappen tragende Philosophenzunft, die vermeintlich noble „Gesellschaft der Denker", mit ein, deren befristetes Erdendasein dem der unsteten „Wandervögel" so auffällig gleicht: „Inmitten des Ozeans des Werdens wachen wir auf einem Inselchen, das nicht grösser als ein Nachen ist, auf, wir Abenteurer und Wandervögel, und sehen uns hier eine kleine Weile um: so eilig und so neugierig wie möglich, denn wie schnell kann uns ein Wind verwehen oder eine Welle über das Inselchen hinwegspülen, sodass Nichts mehr von uns da ist! Aber hier, auf diesem kleinen Raume, finden wir andere Wandervögel und hören von früheren, – und so leben wir eine köstliche Minute der Erkenntnis und des Errathens, unter fröhlichem Flügelschlagen und Gezwitscher mit einander und abenteuern im Geiste hinaus auf den Ozean, nicht weniger stolz als er selber!"[21]

Damit nimmt Nietzsche – einmal mehr – Sigmund Freud (1856–1939) vorweg, der in seinem Essay *Eine Schwierigkeit der Psychoanalyse* von den „drei schwere(n) Kränkungen" sprach, die der allgemeine Narzissmus, die Eigenliebe der neuzeitlichen Menschheit, seitens der wissenschaftlichen Forschung erlitten habe: Durch die astronomischen Erkenntnisse des Nikolaus Kopernikus (1473–1543) sei die Erde und folglich auch der Mensch endgültig aus dem Mittelpunkt der Welt gerückt worden. Auf die kosmologische Kränkung folgte die biologische, denn Darwin habe auf Grund seiner Evolutionstheorie nachgewiesen, dass die menschliche Seele keineswegs göttlicher Herkunft sei. Bei Freud lesen wir deshalb: „Der Mensch warf sich im Laufe seiner Kulturentwicklung zum Herrn über seine tierischen Mitgeschöpfe auf. Aber mit dieser Vorherrschaft nicht zufrieden, begann er eine Kluft zwischen ihr und sein Wesen zu legen. Er sprach ihnen die Vernunft ab und legte sich eine unsterbliche Seele bei, berief sich auf eine hohe göttliche Abkunft, die das Band der Gemeinschaft mit der Tierwelt zu zerreißen gestattete. Es ist merkwürdig, dass diese Überhebung dem kleinen Kinde wie dem Primitiven und dem Urmenschen noch ferne liegt. Sie ist das Ergebnis einer späteren anspruchsvollen Entwicklung. Der Primitive fand es auf der Stufe des Totemismus nicht anstößig, seinen Stamm auf einen tierischen Ahnherrn zurückzuleiten. Der Mythus, welcher den Niederschlag jener alten Denkungsart enthält, lässt die Götter Tiergestalt annehmen, und die Kunst der ersten Zeiten bildet die Götter mit Tierköpfen. Das

„Das Kind empfindet keinen Unterschied zwischen dem eigenen Wesen und dem des Tieres; es lässt die Tiere ohne Verwunderung im Märchen denken und sprechen ... Erst wenn es erwachsen ist, wird es sich dem Tiere soweit entfremdet haben, daß es den Menschen mit dem Namen des Tieres beschimpfen kann."
Sigmund Freud

„*Der Mythus ... lässt die Götter Tiergestalt annehmen, und die Kunst der ersten Zeiten bildet die Götter mit Tierköpfen.*"
Sigmund Freud

Kind empfindet keinen Unterschied zwischen dem eigenen Wesen und dem des Tieres; es lässt die Tiere ohne Verwunderung im Märchen denken und sprechen ... Erst wenn es erwachsen ist, wird es sich dem Tiere so weit entfremdet haben, daß es den Menschen mit dem Namen des Tieres beschimpfen kann. Seine späteren Erwerbungen vermochten es nicht, die Zeugnisse der Gleichwertigkeit zu verwischen, die in seinem Körperbau wie in seinen seelischen Anlagen gegeben sind. Dies ist aber die zweite, die biologische Kränkung des menschlichen Narzißmus."[22] Die dritte und wohl empfindlichste Kränkung im Sinne einer Desillusionierung aber stellt – laut Freud – die psychologische dar, denn hier werde gezeigt, dass der Mensch nicht einmal Herr ist im eigenen Hause, sondern auf kärgliche Nachricht angewiesen bleibt von dem, was unbewusst in seinem Seelenleben vor sich geht.

„*Moral ist Nothlüge, damit wir von ihr nicht zerrissen werden.*"
Friedrich Nietzsche

das Vorurteil der Humanität

Selbst die vielfältigen tradierten sozialen Konventionen des Menschen beruhen – dem tiefsinnigen Psychologen Nietzsche zufolge – bestenfalls auf primitiven, mehr oder weniger unbewussten Handlungsmustern, analog den tierischen Instinkten. Hinter der so genannten Moral des „Ueber-Thiers" Mensch lauert stets seine animalische Natur, lauern beispielsweise die „Hündin Sinnlichkeit", das „unkeusche Schwein" oder das „innere Vieh" des Menschen: „Die Bestie in uns will belogen werden; Moral ist Nothlüge, damit wir von ihr nicht zerrissen werden. Ohne die Irrthümer, welche in den Annahmen der Moral liegen, wäre der Mensch Thier geblieben. So aber hat er sich als etwas Höheres genommen und sich strengere Gesetze auferlegt. Er hat desshalb einen Hass gegen die der Thierheit näher gebliebenen Stufen: woraus die ehemalige Missachtung des Sclaven, als eines Nicht-Menschen, als einer Sache zu erklären ist."[23]

Bei dem „ganzen moralischen Phänomen", seiner gesellschaftlich-kulturell bedingten Genealogie, handelt es sich folglich keineswegs um ein metaphysisches, sondern bloß um ein animalisches, wie Nietzsche in einem *Die Thiere und die Moral* betitelten Abschnitt aus seiner *Morgenröthe. Gedanken über die moralischen Vorurtheile* von 1881 notiert: „Die Praktiken, welche in der verfeinerten Gesellschaft gefordert werden: das sorgfältige Vermeiden des Lächerlichen, des Auffälligen, des Anmaassenden, das Zurückstellen seiner Tugenden sowohl, wie seiner heftigeren Begehrungen, das Sich-gleich-geben, Sich-einordnen, Sich-verringern, – diess Alles als die gesellschaftliche Moral ist im Groben überall bis in die tiefste Thierwelt hinab zu finden ... Die Anfänge der Gerechtigkeit, wie die der Klugheit, Mässigung, Tapferkeit, – kurz Alles, was wir mit dem Namen der sokratischen Tugenden bezeichnen, ist thierhaft: eine Folge jener

„Die Bestie in uns will belogen werden."
Friedrich Nietzsche

„Der Mensch ist das Raubtier mit den Händen."
Oswald Spengler

> *„Ohne die Irrthümer, welche in den Annahmen der Moral liegen, wäre der Mensch Thier geblieben."*
> Friedrich Nietzsche

> *„Wir halten die Thiere nicht für moralische Wesen. Aber meint ihr denn, dass die Thiere uns für moralische Wesen halten?"*
> Friedrich Nietzsche

Triebe, welche lehren, nach Nahrung zu suchen und den Feinden zu entgehen. Erwägen wir nun, dass auch der höchste Mensch sich eben nur in der Art seiner Nahrung und in dem Begriffe dessen, was ihm Alles feindlich ist, erhoben und verfeinert hat, so wird es nicht unerlaubt sein, das ganze moralische Phänomen als thierhaft zu bezeichnen."[24]

Für Nietzsche ist der hochtrabende moralische Begriff der Humanität nichts anderes als eine Voreingenommenheit des Menschen gegen alle tierischen Wesen. Kommt der Moral insgesamt doch vornehmlich die Funktion zu, den Menschen – das „Raubtier mit den Händen" (Oswald Spengler) – gewaltsam vom Tier zu trennen, ihn gleichsam in einen falschen Adelsstand zu erheben: „Wir halten die Thiere nicht für moralische Wesen. Aber meint ihr denn, dass die Thiere uns für moralische Wesen halten? – Ein Thier, welches reden konnte, sagte: ‚Menschlichkeit ist ein Vorurtheil, an dem wenigstens wir Thiere nicht leiden.'"[25] Wie eine durchaus berechtigte Kritik am Menschen und an seiner Vernunft, die er allzu oft nur dazu gebraucht, um „tierischer als jedes Tier zu sein" (Mephisto in Goethes *Faust I*), aus animalischer Perspektive aussehen könnte, malt sich Nietzsche provokant an einer Stelle seines Buches *Die fröhliche Wissenschaft. La gaya scienza* aus: „Ich fürchte, die Thiere betrachten den Menschen als ein Wesen Ihresgleichen, das in höchst gefährlicher Weise den gesunden Thierverstand verloren hat, – als das wahnwitzige Thier, als das lachende Thier, als das weinende Thier, als das unglückselige Thier."[26]

Es überrascht daher nicht, dass Nietzsches philosophisch-poetischer, dem rein abstrakten Denken feindlicher Kosmos von einer Vielzahl von Tiermetaphern, -symbolen und -allegorien bevölkert wird: von Kreaturen wie dem Löwen, dem Kamel, dem Esel, dem Affen, dem Schaf und einer Reihe von Vogel-, Reptilien-, Fisch- und Insektenarten. Was einerseits mit Nietzsches „physiologischem", an der organischen Wirklichkeit orientiertem Denken, andererseits mit seinen poetologischen Vorstellungen von einem guten, das heißt für ihn stets lebendigen, klaren und sinnlich-anschaulichen Sprachstil zusammenhängt. In seiner kleinen, 1882 für Lou Andreas-Salomé (1861–1937) verfassten Schrift *Zur Lehre vom Stil* aus den nachgelassenen Fragmenten formuliert Nietzsche eine nicht nur für sein eigenes Schreiben maßgebliche Maxime: „Je abstrakter die Wahrheit ist, die man lehren will, um so mehr muß man erst die Sinne zu ihr verführen."[27]

So kleidet Nietzsche selbst ein reines Abstraktum wie „Gott" in eine vielschichtige Tiermetapher: Das Absolute erscheint in der *Genealogie der Moral*, einem der großen subversiven Texte der Moderne, als „Zweck- und Sittlichkeitsspinne", als ein ordnendes, sinnstiftendes und moralisches Prinzip, das zu beanspruchen beziehungsweise vorauszusetzen für den Menschen in Nietzsches Augen jedoch nichts anderes als frevelhafter Übermut bedeutet: „Hybris ist unsre Stellung zu Gott, will sagen zu irgend einer angeblichen Zweck- und Sittlichkeits-Spinne hinter dem grossen Fangnetz-Gewebe der Ursächlichkeit ... Hybris ist unsre Stellung zu *uns*, – denn wir experimentiren mit uns, wie wir es uns mit keinem Thiere erlauben würden, und schlitzen uns vergnügt und neugierig die Seele bei lebendigem Leibe auf: was liegt uns noch am ‚Heil' der Seele!"[28] Dass der von Nietzsche vorgenommene Vergleich Gott/Spinne dabei nicht bloß blasphemisch gemeint, sondern in einer mythisch-religiösen Tradition verankert ist, verleiht seiner Kritik am Menschen, der sich nur eine harmonische, das heißt

„Je abstrakter die Wahrheit ist, die man lehren will, um so mehr muß man erst die Sinne zu ihr verführen."
Friedrich Nietzsche

metaphysisch wie moralisch fest strukturierte, aber keineswegs eine chaotische, dem blinden, zugleich jedoch kreativen Zufall unterworfene Welt vorzustellen vermag, umso größeres Gewicht: So gilt die Spinne in Indien wegen ihres kunstvoll, radial angelegten Netzes sowie ihrer zentralen Position darin als Symbol der kosmischen Ordnung und als „Weberin" der Maya, der täuschenden Sinnenwelt. Da sie die Fäden ihres Netzes aus sich selbst hervorbringt wie die Sonne ihre Strahlen, ist sie zudem ein Sonnen-Symbol. Unter diesem Gesichtspunkt kann das Netz desgleichen die Emanation des göttlichen Geistes symbolisieren. Und weil sie an dem von ihr selbst gesponnenen Faden emporläuft, erscheint sie in den *Upanischaden* als Symbol der geistigen Selbstbefreiung. Gerade diese „Zweck- und Sittlichkeitsspinne" aber, diesen übermächtigen Gott, hat Nietzsche bekanntlich für tot und überwunden erklärt.

„Ich fürchte, die Thiere betrachten den Menschen als ein Wesen Ihresgleichen, das in höchst gefährlicher Weise den gesunden Thierverstand verloren hat, – als das wahnwitzige Thier, als das lachende Thier, als das weinende Thier, als das unglückselige Thier."

Friedrich Nietzsche

Nietzsches Tiermetaphern

Überhaupt scheint Nietzsche, für den reine Begriffe nur abgenutzte und sinnlich kraftlos gewordene Metaphern sind, mehr Bilder benutzt und geschaffen zu haben als irgendein anderer Philosoph – Platon (427–347 v. Chr.), ein sehr bilderfreudiger Denker, eingeschlossen. Mit den Gebrüdern Grimm teilte offenbar auch der Philosoph die Ansicht, dass bildhafte Vergleiche das „Salz der Sprache" seien, dass sich die Erfahrung von Inspiration durch sie unmittelbar manifestiert.

In seiner Autobiografie *Ecce homo. Wie man wird, was man ist* bekennt Nietzsche: „Die Unfreiwilligkeit des Bildes, des Gleichnisses ist das Merkwürdigste; man hat keinen Begriff mehr, was Bild, was Gleichniss ist, Alles bietet sich als der nächste, der richtigste, der einfachste Ausdruck. Es scheint wirklich, um an ein Wort Zarathustra's zu erinnern, als ob die Dinge selber herankämen und sich zum Gleichnisse anböten."[29]

Dem Nietzsche-Exegeten Bernhard Taureck zufolge gehören Nietzsches Bilder – trotz einer mehr als hundert Jahre alten Forschung – „zu dem am wenigsten Erforschten". Eine Erkenntnis, die insbesondere für Nietzsches symbolischen und allegorischen Gebrauch der Tiere zutrifft, die dem Menschen unter anderem als natürliche Spiegel seiner vermeintlichen „Tugenden" und „Laster", ja sogar als echte Vor- und Leitbilder dienen. Man denke nur an Zarathustras treue Begleiter, an das scheinbar ungleiche Paar von Adler und Schlange: „‚Es sind meine Thiere!', sagte Zarathustra und freute sich von Herzen. ‚Das stolzeste Thier unter der Sonne und das klügste Thier unter der Sonne…'"[30] Oder an Löwe, Tiger und Panther als den klassischen Sinnbildern von Vitalität, Wildheit und Freiheitsdrang, wie sie Nietzsche unter anderem in seinen *Dionysos-Dithyramben* besingt und zu Identifikationsfiguren des Dichters deklariert:

„Das Leben ist nicht im Tier, sondern das Tier ist Leben."
Oswald Spengler

„*Der* Wahrheit *Freier? Du? – so höhnten sie –*
Nein! Nur ein Dichter!
Ein Thier, ein listiges, raubendes, schleichendes,
Das lügen muss,
Das wissentlich, willentlich lügen muss:
Nach Beute lüstern,
Bunt verlarvt,
Sich selbst zur Larve,
Sich selbst zur Beute…"[31]

Von wenigen Ausnahmen abgesehen, setzt Nietzsche in seinem Werk Lebewesen mit hervorstechenden Fabeleigenschaften ein – beispielsweise den Affen als Sinnbild der Schauspielerei und Verstellungskunst: „Vergessen wir doch nie …, dass der Schauspieler eben ein idealer Affe ist und so sehr Affe, dass er an das ‚Wesen' und das ‚Wesentliche' gar nicht zu glauben vermag: Alles wird ihm Spiel, Ton, Gebärde, Bühne, Coulisse und Publicum."[32] An anderer Stelle verwendet Nietzsche den Pfau, der wegen seines gespreizten, auffälligen Balzverhaltens seit dem Mittelalter, spätestens aber seit der Neuzeit als Verkörperung der selbstgefälligen Eitelkeit, der christlichen Todsünde „superbia", gilt: „Mancher Pfau verdeckt vor Aller Augen seinen Pfauenschweif – und heisst es seinen Stolz."[33]

Für den Nietzsche-Forscher Jörg Salaquarda erfüllen die Tiere dabei hauptsächlich eine Aufgabe: Die „‚Tiere' hat (Nietzsche) nach der einstimmigen Interpretation aller, die sich ernsthaft damit beschäftigt haben, primär für menschliche Eigenschaften und Verhaltensweisen eingesetzt, die sich auf Triebe oder Triebkomplexe zurückführen lassen."[34] Auch die Exegetin Angèle Marietti kommt in ihrem Aufsatz über Nietzsches „poetisches Bestiarium" zu einem ähnlichen Ergebnis, lassen sich im Menschen doch schon auf Grund seiner Onto- und Phylogenese, das heißt seiner biologischen Individual- und Stammesgeschichte, deutliche Spuren animalischer Vergangenheit nachweisen, und zwar nicht bloß in rein körperlich-physiologischer Hinsicht: „Die Fauna stellt die Quelle aller menschlichen Eigenschaften dar ... In jedem Menschen findet sich die List der Schlange, der Stolz des Adlers, die Kraft des Löwen, zuweilen die Schwerfälligkeit des Elefanten und die Unschuld des Schafs wieder."[35] Eine gleichermaßen philosophische wie psychologische Einsicht, die der Schriftsteller Heimito von Doderer (1896–1966) in einem Aphorismus mit bewusster Anspielung auf Nietzsche auf eine prägnante Formel brachte: „Was wir tierisch nennen, ist im Grunde nur Allzu-Menschliches, das uns bei den Tieren auffällt."[36]

Bemerkenswerterweise knüpft Nietzsche bei der Gestaltung seiner poetischen Menagerie jedoch nicht nur an die überlieferte antike und christliche Tiersymbolik des Abendlandes an. Eine Tradition, wie sie beispielsweise in den kurzen Fabeln Aesops (Mitte des 6. Jahrhunderts vor Christus), Jean de La Fontaines (1621–1695) und in den Märchen der Gebrüder Grimm, vornehmlich aber in den so genannten Bestiarien, den mittelalterlichen allegorischen, zum Teil prächtig illuminierten Tierbüchern, übermittelt wurde. Zumal in diesen bewusst didaktischen Werken oftmals legendäre, fantastische Vorstellungen von Tieren überwiegen, die – im Anschluss an den weit verbreiteten griechisch-frühchristlichen *Physiologus* aus dem zweiten Jahrhundert – in heilsgeschichtlicher und/oder moralischer Perspektive gedeutet wurden.

Nietzsche nimmt darüber hinaus bewusst provokative Umwertungen und Neudeutungen vor, kreiert gleich-

„Die Tiere sind glücklicher als wir, sie fliehen das Übel, aber sie fürchten den Tod nicht, von dem sie keine Vorstellung haben."

Charles de Secondat, Baron de la Brède et de Montesquieu

„Was wir tierisch nennen, ist im Grunde nur Allzu-Menschliches, das uns bei den Tieren auffällt."

Heimito von Doderer

sam seine eigene animalische Ikonografie: So interpretiert er das christlich aufgeladene Symbol des (Opfer-)-Lamms im Sinne einer immanenten, daseinsbejahenden Philosophie als verächtliches Zeichen der dekadenten „Herden- und Sklavenmoral" neu. In der *Genealogie der Moral* schreibt Nietzsche: „Dass die Lämmer den grossen Raubvögeln gram sind, das befremdet nicht: nur liegt darin kein Grund, es den grossen Raubvögeln zu verargen, dass sie sich kleine Lämmer holen. Und wenn die Lämmer unter sich sagen ‚diese Raubvögel sind böse; und wer so wenig als möglich ein Raubvogel ist, vielmehr deren Gegenstück, ein Lamm, – sollte der nicht gut sein?' so ist an dieser Aufrichtung eines Ideals Nichts auszusetzen, sei es auch, dass die Raubvögel dazu ein wenig spöttisch blicken werden und vielleicht sich sagen: ‚*wir* sind ihnen gar nicht gram, diesen guten Lämmern, wir lieben sie sogar: nichts ist schmackhafter als ein zartes Lamm.'"[37]

Ein Streifzug durch Nietzsches originäres, über sein ganzes Werk hin verstreutes Bestiarium führt mitten ins Herz seiner bahnbrechenden Philosophie, seiner scharfen Kultur- und Zivilisationskritik. Darüber hinaus gewährt Nietzsches exzessiver Gebrauch von Tierbildern aller Art tiefe Einblicke in seine Schreibwerkstatt, in seinen selbst von Gegnern einhellig bewunderten Stil, seine hohe Sprachbewusstheit.

Abbildung: Friedrich Nietzsche

Der Weg zum neuen Menschen

Den wohl ausgeprägtesten Gebrauch tierischer Symbole und Allegorien macht Nietzsche in seiner 1883 bis 1885 publizierten philosophischen Dichtung *Also sprach Zarathustra*, die den Untertitel *Ein Buch für Alle und Keinen* trägt und deren Hauptthema – neben dem „Tod Gottes", dem „Willen zur Macht" und der „ewigen Wiederkehr des Gleichen" – der „Übermensch" ist. Worauf der Übermensch zielt, deutet Zarathustra gleichnishaft in seiner ersten Rede *Von den drei Verwandlungen* an: „Drei Verwandlungen nenne ich euch des Geistes: wie der Geist zum Kameele wird, und zum Löwen das Kameel, und zum Kinde zuletzt der Löwe. Vieles Schwere giebt es dem Geiste, dem starken, tragsamen Geiste, dem Ehrfurcht innewohnt: nach dem Schweren und Schwersten verlangt seine Stärke. Was ist schwer? so fragt der tragsame Geist, so kniet er nieder, dem Kameele gleich, und will gut beladen sein. Was ist das Schwerste, ihr Helden? so fragt der tragsame Geist, dass ich es auf mich nehme und meiner Stärke froh werde ... Alles diess Schwerste nimmt der tragsame Geist auf sich: dem Kameele gleich, das beladen in die Wüste eilt, also eilt er in seine Wüste."[38]

Das Kamel, das im Alten Testament gelegentlich als unreines Tier bezeichnet wird und im christlichen Schrifttum wie der christlichen Kunst als Lasttier ein Sinnbild der Demut, des Gehorsams, der Trägheit sowie der Beschränktheit abgibt, wird bei Nietzsche zum Symbol des ersten Stadiums des Geistes: Jener lange währenden idealistischen Phase, in welcher der Mensch ehrfürchtig, geduldig und entsagend bis zur Selbsterniedrigung sein Leben einem göttlichen Prinzip und vorgegebenen moralischen Geboten unterordnet. Mit den Worten des Freiburger Philosophen und Nietzsche-Kenners Eugen Fink (1905–1975): „Der Mensch unter

„Der Löwe will Freiheit und seinen eigenen Willen, sein ‚Ich will', durchsetzen."
Friedrich Nietzsche

> *„Zum Löwen wird hier der Geist, Freiheit will er sich erbeuten und Herr sein in seiner eignen Wüste."*
> Friedrich Nietzsche

der Last der Transzendenz, der Mensch des Idealismus: er gleicht in Zarathustras Rede dem Kamel; er will es nicht leicht haben, er verachtet die Schwerelosigkeit des alltäglichen und kleinen Lebens, er will Aufgaben, an denen er sich bewährt, er will schwere und strenge Gebote erfüllen, die uns nicht leicht fallen, die schwer drücken: er will seine Pflicht und darüber noch mehr, er will gehorchen dem Gotte und sich dem über ihn verhängten Lebenssinn unterwerfen; in Gehorsam und Unterwerfung hat der ehrfürchtige Geist seine ihm eigene Größe. Umfangen von einer festen Wertwelt untersteht er ergeben und willig dem Gebot des ‚Du sollst'."[39]

Zusätzlich niedergedrückt von der Schuld, die aus der unvermeidlichen Übertretung dieser Gebote resultiert, eilt das Kamel, der „tragsame Geist", schwankend in die Wüste: „Aber in der einsamsten Wüste geschieht die zweite Verwandlung: zum Löwen wird hier der Geist, Freiheit will er sich erbeuten und Herr sein in seiner eignen Wüste."[40] Der Löwe, in Nietzsches *Zarathustra* die zweite Gestalt des Geistes, will Freiheit und seinen eigenen Willen, sein „Ich will", durchsetzen, doch zunächst muss er gegen den tausendjährigen Drachen „Du sollst" kämpfen, den eigentlichen Verursacher der unerträglichen Last des Kamels: „Welches ist der grosse Drache, den der Geist nicht mehr Herr und Gott heissen mag? ‚Du-sollst' heisst der grosse Drache. Aber der Geist des Löwen sagt ‚ich will'. ‚Du-sollst' liegt ihm am Wege, goldfunkelnd, ein Schuppenthier, und auf jeder Schuppe glänzt golden ‚Du sollst!' Tausendjährige Werthe glänzen an diesen Schuppen, und also spricht der mächtigste aller Drachen ‚aller Werth der Dinge – der glänzt an mir.' ‚Aller Werth ward schon geschaffen, und aller geschaffene Werth – das bin ich. Wahrlich, es soll kein ‚Ich will‘ mehr geben!' Also spricht der Drache."⁴¹ Wie in den mythischen Vorstellungen vieler Völker verkörpert der Drache auch in Nietzsches Zarathustra ein böses Prinzip, wenngleich in einem ganz anderen Sinne. Denn während der Drache beispielsweise in der jüdisch-christlichen Überlieferung – der Schlange, dem Leviathan und dem Satan nahe stehend – gottfeindliche und chaotisch-regressive Urmächte verkörpert, welche die Schöpfung bedrohen und die überwunden werden müssen, erklärt ihn Nietzsches Zarathustra zum Sinnbild einer lange belastenden Tradition von lebensfeindlichen Ge- und Verboten.

Psychoanalytisch gesprochen, steht der Drache hier für jene Instanz der Persönlichkeit, die Freud später als „Über-Ich" respektive als „Superego" bezeichnete und zu deren Funktionen das Gewissen, die Selbstbeobachtung und die Idealbildung gehören, vergleichbar mit der Rolle des Richters oder Zensors. Das Über-Ich vertritt die aus Tradition, Familie und Gesellschaft übernommenen moralischen Maßstäbe, Werte und Einstellungen, wobei die spezifischen psychischen Störungen – Freud zufolge – vor allem auf Konflikte zwischen dem unbewussten „Es" einerseits sowie dem „Ich" und „Über-Ich" andererseits zurückgehen.

Der Sieg des Löwen über den Drachen symbolisiert bei Nietzsche das Zerbrechen dieses Glaubens an den ehernen moralischen Geboten, die Zeit des freien Geistes, aber auch das Durchleben des Nihilismus nach der Destruktion althergebrachter Werte. Denn das, was er zu schaffen vermag, ist lediglich eine Freiheit „von" und nicht schon eine Freiheit „zu": „Neue Werthe schaffen – das vermag auch der Löwe noch nicht: aber Freiheit sich schaffen zu neuem Schaffen – das vermag die Macht des Löwen. Freiheit sich schaffen und ein heiliges Nein

„Der Mensch ist ein wildes Tier, das sich selbst gezähmt hat."
Pierre Reverdy

> „*Am Ende ... steht die Utopie der zu sich selbst befreiten Freiheit als die wiedergewonnene ‚Unschuld des Werdens'.*"
> Wiebrecht Ries

auch vor der Pflicht: dazu, meine Brüder, bedarf es des Löwen. Recht sich nehmen zu neuen Werthen – das ist das furchtbarste Nehmen für einen tragsamen und ehrfürchtigen Geist. Wahrlich, ein Rauben ist es ihm und eines raubenden Thieres Sache. Als sein Heiligstes liebte er einst das ‚Du-sollst': nun muss er Wahn und Willkür auch noch im Heiligsten finden, dass er sich Freiheit raube von seiner Liebe: des Löwen bedarf es zu diesem Raube."[42]

Um neue Werte zu schaffen, muss sich folglich auch der Löwe noch einmal verwandeln. Erst dann ist das dritte und letzte Stadium des zu sich selbst kommenden und befreiten menschlichen Geistes erreicht, den Nietzsche im archetypischen Bild des „Kindes", das wie das Tier kein störendes Bewusstsein besitzt, festgehalten hat: „Unschuld ist das Kind und Vergessen, ein Neubeginnen, ein Spiel, ein aus sich rollendes Rad, eine erste Bewegung, ein heiliges Ja-sagen. Ja, zum Spiele des Schaffens, meine Brüder, bedarf es eines heiligen Ja-sagens: *seinen* Willen will nun der Geist, *seine* Welt gewinnt sich der Weltverlorene."[43] Das Kind gilt bereits traditionell als Symbol der Unbefangenheit und Unschuld, aber auch des Anfangs und der Fülle der Möglichkeiten. Wie das Kind steht der Übermensch *Jenseits von Gut und Böse*, wie das Kind lebt er in der Unschuld des Spiels, in völliger Bejahung seines irdischen Daseins. Eugen Fink, der Autor des Buchs *Spiel als Weltsymbol*, bemerkt zu Nietzsches zentraler, seine ganze Philosophie prägenden Spiel-Metapher: „Das eigentliche und ursprüngliche Wesen der Freiheit als eines Entwurfs neuer Werte und Wertwelten wird in der Metapher des Spiels angesprochen. Spiel ist die Natur der positiven Freiheit. Mit dem Tode Gottes wird der Wagnis- und Spielcharakter des menschlichen Daseins offenbar. Das Schöpfertum des Menschen ist Spielen. Die Wandlung des Menschen in den Übermenschen ist nicht ein Mutationssprung biologischer Art, in welchem plötzlich über dem ‚homo sapiens' eine neue Rasse von Lebewesen erscheint. Diese Wandlung ist eine Metamorphose der endlichen Freiheit, ihre Zurückholung aus der Selbstentfremdung und der freie Durchbruch ihres Spiel-Charakters."[44]

In ihrer geschichtsphilosophischen Konzeption entsprechen die drei Stadien des Geistes – symbolisiert durch Kamel, Löwe und Kind – Vergangenheit, Gegenwart und Zukunft, wie Wiebrecht Ries in seiner prägnanten Nietzsche-Monografie schreibt: „Steht die Vergangenheit unter der Herrschaft der Moral, dem imperativen Diktum ihres ‚Du sollst', so die Gegenwart unter der Anstrengung des ‚Ich will', die aus einer gottlos gewordenen Welt den Prozess der Selbstbehauptung des auf sich gestellten Menschen ableitet. Am Ende dieses Prozesses steht die Utopie der zu sich selbst befreiten Freiheit als die wiedergewonnene ‚Unschuld des Werdens' ‚im Horizont der dionysischen Seins- und Sinngesinnung'."[45] Anhand dreier einfacher (Tier-)Symbole, deren traditionelle Bedeutung teils übernommen, teils variiert wird, illustriert Nietzsche in anschaulicher Weise einen nicht nur für seinen *Zarathustra*, sondern für seine gesamte Philosophie zentralen Gedanken: die Wandlung des Menschenwesens durch den Tod Gottes, das heißt die Wandlung aus der Selbstentfremdung in die schöpferische Freiheit, die sich selbst weiß.

„Zoobesuch ist unbewusster Ahnenkult."
Fernandel

Abbildung: Friedrich Nietzsche

Zarathustra: „Es sind meine Thiere!"

Unter den vielen Tiergestalten, die Nietzsches *Zarathustra* bevölkern, stehen an exponierter Stelle jedoch Adler und Schlange – dieses geheimnisvolle Paar, das Nietzsche gleich zu Beginn des Werkes einführt: „Ein Adler zog in weiten Kreisen durch die Luft, und an ihm hieng eine Schlange, nicht einer Beute gleich, sondern einer Freundin: denn sie hielt sich um seinen Hals geringelt. ‚Es sind meine Thiere!' sagte Zarathustra und freute sich von Herzen. Das stolzeste Thier unter der Sonne und das klügste Thier unter der Sonne – sie sind ausgezogen auf Kundschaft. Erkunden wollen sie, ob Zarathustra noch lebe. Wahrlich, lebe ich noch? Gefährlicher fand ich's unter Menschen als unter Thieren, gefährliche Wege geht Zarathustra. Mögen mich meine Thiere führen!"[46] Adler und Schlange werden in Zarathustras Vorrede explizit als seine auserwählten Tiere bezeichnet. Anspielungen auf sie durchziehen das gesamte Epos. Aber bilden die halb domestizierten Kreaturen nicht selbst für einen exzentrischen Eremiten wie Zarathustra ein höchst seltsames Paar? Warum verleiht Nietzsche ihnen eine derart prominente Rolle?

Im Verbund treten Adler und Schlange unter anderem in babylonischen, indischen, germanischen und griechischen Mythologien beziehungsweise Kunstdarstellungen auf, jedoch meistens als unerbittliche Feinde: Dem Kampf des stärksten Vogels mit dem gefährlichsten Reptil wird dabei oftmals eine kosmische Bedeutung zugeschrieben, insofern als sich hier das gute, himmlisch-solare mit dem bösen, chthonischen Prinzip misst. Im Frühchristentum wurde der Sieg des Adlers über die Schlange sogar zum Sieg Christi über den Satan allegorisiert.

Doch in seinem Zarathustra bricht Nietzsche radikal mit diesen alten Traditionen. Adler und Schlange, die

„Wahrlich, lebe ich noch? Gefährlicher fand ich's unter Menschen als unter Thieren."
Friedrich Nietzsche

„Mögen mich meine Thiere führen!"
Friedrich Nietzsche

von Natur aus getrennten, sich feindlichen Tiere, leben mit Zarathustra einträchtig zusammen. Sie versorgen ihn mit Nahrung und spenden ihm Trost, wenn er krank ist, sie dienen ihm als geduldige, aufmerksame Gesprächspartner und stehen ihm nicht zuletzt bei seiner prophetischen Mission zur Seite. Zarathustra, der Einsiedler, nennt sie liebevoll seine „Ehrenthiere". Bleibt die Frage, warum Nietzsche in seinem *Zarathustra* ihnen eine völlig neue symbolische Bedeutung verleiht. Ein erster Hinweis dürfte sich im Parsismus finden lassen, nach dessen Religionsstifter, Zoroaster (Mitte des 6. Jahrhunderts vor Christus), Nietzsche sein bekanntestes Werk nannte. Beruht die altpersische Lehre doch auf dem kosmischen Konflikt zwischen der göttlichen Quelle des Lichts und des Guten, repräsentiert durch Ormuzd, den Adler, und der satanischen Quelle des Dunkels wie des Bösen, in Gestalt des Drachens Ahriman.

Nietzsches einträchtige Vereinigung von Adler und Schlange deutet mithin den Versuch einer Überwindung jenes extremen dualistischen Moraldenkens an, wie es nicht zuletzt auch das christliche Abendland geprägt hat. In seiner Selbstbiografie *Ecce homo. Wie man wird, was man ist* von 1888 bezeichnet Nietzsche selbst seinen Zarathustra als Überwinder dieser alten Moralvorstellungen: „Zarathustra hat zuerst im Kampf des Guten und des Bösen das eigentliche Rad im Getriebe der Dinge gesehn, – die Übersetzung der Moral in's Metaphysische, als Kraft, Ursache, Zweck an sich, ist *sein* Werk ... Zarathustra *schuf* diesen verhängnisvollsten Irrthum, die Moral: folglich muss er auch der Erste sein, der ihn *erkennt* ... Die Selbstüberwindung der Moral aus Wahrhaftigkeit, die Selbstüberwindung des Moralisten in seinen Gegensatz – in *mich* – das bedeutet in meinem Munde der Name Zarathustra."[47] So wie Zarathustra in

> *„Das stolzeste Thier unter der Sonne und das klügste Thier unter der Sonne."*
> Friedrich Nietzsche

Adler und Schlange werden zu Gegenbildern, das heißt nicht mehr zu Feinden, sondern zu Freunden, jenseits von gut und böse, jenseits von Tod und Zeit.

sich selbst das Gegenbild seines persischen Vorgängers erkennt, werden auch Adler und Schlange zu Gegenbildern, das heißt hier: nicht mehr zu Feinden, sondern zu Freunden, jenseits von gut und böse, jenseits von Tod und Zeit. Zumal jedes Tier – für sich allein genommen – sowohl in heidnischer wie christlicher Zeit auch die Ewigkeit symbolisieren konnte: Der *Physiologus* schreibt dem Adler die gleichen legendären Eigenschaften wie dem Phönix zu; der Grund, warum er im Mittelalter zugleich ein Symbol für Neugeburt ist. Und wegen ihrer Häutungen gilt die Schlange als Sinnbild ständiger Erneuerungskraft. Im alten Ägypten findet sich erstmals das Symbol des „Ouroboros" – der sich in den Schwanz beißenden Schlange – ein Sinnbild der Unendlichkeit und der ewigen Wiederkehr.

Die um den Adler geringelte Schlange wird bei Nietzsche vor diesem Hintergrund zum Symbol der ewigen Wiederkunft des Gleichen, das heißt zu jener späten dunklen Lehre des Philosophen, derzufolge alles, auch das Allerkleinste, schon einmal da gewesen ist und endlos wiederkehren wird. (Da die Welt als eine bestimmte Kraftsumme, aber die Zeit als unendlich zu denken ist, muss jede mögliche Kombination der Dinge irgendwann, genauer gesagt schon unzählige Male, erreicht worden sein.) Zu diesem Aspekt von Nietzsches Symbolismus schreibt Martin Heidegger (1889–1976) in seinem Aufsatz *Wer ist Nietzsches Zarathustra?* von 1954: „Wir ahnen schon in diesem geheimnisvollen Umhalsen, wie unausgesprochen im Kreisen des Adlers und im Ringeln der Schlange Kreis und Ring sich umringen. So erglänzt der Ring, der annulus aeternitatis heißt: Siegelring und Jahr der Ewigkeit. Im Anblick der beiden Tiere zeigt sich, wohin sie selbst, kreisend und sich ringelnd, gehören. Denn sie machen nie erst Kreis und

Ring, sondern fügen sich darein, um so ihr Wesen zu haben."[48] Aber auch für Nietzsches Vereinigung von Adler und Schlange, für die Transformation von vermeintlich unversöhnlichen Gegensätzen, gab es eine Reihe archetypischer Vorbilder: In den alten mittelamerikanischen Kulturen spielte besonders die gefiederte Schlange eine große Rolle. Sie war ursprünglich ein Sinnbild des Regens und der Vegetation, später wurde sie zur „mit grünen Quetzalfedern bedeckten Nachthimmelschlange", die der „Türkis-" oder „Taghimmelschlange" gegenüberstand und, vereinigt mit dieser, ein Symbol des Kosmos darstellte. Im Ägypten der Pharaonenzeit findet sich außerdem das Schutz- und Herrschersymbol der geflügelten Sonnenscheibe mit der Uräusschlange. Ob Nietzsche von diesen archetypischen Vorbildern Kenntnis hatte, lässt sich nicht mit Bestimmtheit sagen, ist aber mehr als wahrscheinlich.

„Nämlich das Kind lerne, alles tierische Leben heilig halten – kurz, man gebe ihm das Herz eines Hindus statt des Herzens eines kartesischen Philosophen."
Jean Paul

Die „blonde" Bestie

Wer Nietzsches Bestiarium betritt, begegnet zwangsläufig auch der „blonden Bestie" – einem der bekanntesten Schlagworte des Philosophen, das für die missverständliche Rezeption seiner Lehre insofern von größter Bedeutung war, als es meist auf eine Parole des Rassismus, besonders des deutschen nationalsozialistischen, verkürzt wurde. Wo man unter der „blonden Bestie" nicht die „blonden", „blauäugigen" Germanen oder Arier verstand, diente Nietzsches Wort bei Marxisten und bürgerlichen Denkern als Chiffre für Kapitalismus und Imperialismus. Dem Marxisten Georg Lukács (1885–1971) zufolge gehört die „blonde Bestie" in eine „Ethik für die klassenkämpferische Bourgeoisie" der imperialistischen Epoche. Für Thomas Mann (1875–1955) wiederum war die „blonde Bestie" eine „Verlegenheit", die er in seiner frühen Dichtung wie etwa im *Tonio Kröger* parodierte. Und schon Paul Heyse (1830–1914) hatte das Schlagwort unter die „absurden Übertreibungen" der Lehre Nietzsches gerechnet. Gleichwohl hat das Schlagwort, das sich bis in die Malerei und Trivialliteratur hinein verfolgen lässt, Karriere gemacht.

Doch was hat Nietzsche mit der „blonden Bestie" wirklich gemeint? Im Werk des Philosophen taucht diese viel zitierte Tier-Metapher nur zweimal auf. So attackiert Nietzsche in seiner *Götzendämmerung* unter der Überschrift *Die „Verbesserer" der Menschheit* die christliche „Zähmung" der Bestie Mensch: „Zu allen Zeiten hat man die Menschen ‚verbessern' wollen: dies vor Allem hiess Moral. Aber unter dem gleichen Wort ist das Allerverschiedenste von Tendenz versteckt. Sowohl die *Zähmung* der Bestie Mensch als die *Züchtung* einer bestimmten Gattung Mensch ist ‚Besserung' genannt worden: erst diese zoologischen Termini drücken Realitäten aus – Realitäten freilich, von denen der typische

„Der Mensch ist das einzige Tier, das sich für einen Menschen hält."
Thomas Niederreuther

‚Verbesserer', der Priester, Nichts weiss – Nichts wissen will ... Die Zähmung eines Thieres seine ‚Besserung' nennen ist in unsren Ohren beinahe ein Scherz. Wer weiss, was in Menagerien geschieht, zweifelt daran, dass die Bestie daselbst ‚verbessert' wird. Sie wird geschwächt, sie wird weniger schädlich gemacht, sie wird durch den depressiven Affekt der Furcht, durch Schmerz, durch Wunden, durch Hunger zur *krankhaften Bestie*. – Nicht anders steht es mit dem gezähmten Menschen, den der Priester ‚verbessert' hat. Im frühen Mittelalter, wo in der That die Kirche vor Allem eine Menagerie war, machte man allerwärts auf die schönsten Exemplare der ‚blonden Bestie' Jagd, – man ‚verbesserte' zum Beispiel die vornehmen Germanen. Aber wie sah hinterdrein ein solcher ‚verbesserter', in's Kloster verführter Germane aus? Wie eine Caricatur des Menschen, wie eine Missgeburt: er war zum ‚Sünder' geworden, er stak im Käfig, man hatte ihn zwischen lauter schreckliche Begriffe eingesperrt... Da lag er nun, krank, kümmerlich, gegen sich selbst böswillig; voller Hass gegen die Antriebe zum Leben, voller Verdacht gegen Alles, was noch stark und glücklich war. Kurz, ein ‚Christ' ... Physiologisch geredet: im Kampf mit der Bestie *kann* Krankmachen das einzige Mittel sein, sie schwach zu machen.

„Die Tiere bewundern sich nicht ...
ihre Tüchtigkeit hat an sich selbst genug."
Blaise Pascal

Abbildung: Friedrich Nietzsche

> *„Die Zähmung eines Thieres seine ‚Besserung' nennen ist in unsren Ohren beinahe ein Scherz."*
> Friedrich Nietzsche

Das verstand die Kirche: sie *verdarb* den Menschen, sie schwächte ihn, – aber sie nahm in Anspruch, ihn ‚verbessert' zu haben…"[49]

Die zweite, berühmtere und dabei weit weniger missverständliche, weil ausdrücklich nicht nur auf die Germanen gemünzte Stelle über die „blonde Bestie" findet sich in Nietzsches *Genealogie der Moral*, wo es heißt: „Auf dem Grunde aller dieser vornehmen Rassen ist das Raubthier, die prachtvolle nach Beute und Sieg lüstern schweifende *blonde Bestie* nicht zu verkennen; es bedarf für diesen verborgenen Grund von Zeit zu Zeit der Entladung, das Thier muss wieder heraus, muss in die Wildniss zurück: – römischer, arabischer, germanischer, japanesischer Adel, homerische Helden, skandinavische Wikinger – in diesem Bedürfniss sind sie sich alle gleich. Die vornehmen Rassen sind es, welche den Begriff ‚Barbar' auf all den Spuren hinterlassen haben, wo sie gegangen sind; noch aus ihrer höchsten Cultur heraus verräth sich ein Bewusstsein davon und ein Stolz selbst darauf…"[50]

Hier setzt Nietzsche die „blonde Bestie" mit allen „vornehmen Rassen" gleich, die „von Zeit zu Zeit" wieder zu Barbaren werden müssen. Wie das Zitat belegt, bezieht Nietzsche die „blonde Bestie" gar nicht exklusiv auf die Germanen. Seine Liste der „vornehmen" Rassen schließt unter anderem „arabischen" und „japanischen" Adel ein. Hinzu kommt, dass Nietzsche alles andere als germanophil gedacht hat: Die Germanen verspottet er vielmehr als „Schwerfüssler" und „Alkohol-Vergiftung Europa's". Und im Gegensatz zu Joseph Arthur Graf von Gobineau (1816–1882), der die Überlegenheit der Arier propagierte und die Kreuzung der Rassen anprangerte, tritt Nietzsche gerade für die Mischung der Rassen und Völker ein. Nietzsche ist dezidierter Anti-Antisemit. Das Wort „Barbar" hat bei ihm keinen abwertenden Beigeschmack. Als Exempla der „blonden Bestie" gelten ihm auch homerische Helden und Menschen der Renaissance.

Nietzsches „blonde Bestie" ist eine Übersetzung von „flava bestia" und meint mithin den „Löwen". „Blond" bezieht sich folglich auf keine bestimmte menschliche Rasse, jedoch immer auf den (blonden) Löwen in uns. Zwar mag auch dies noch auf den Löwenmut und die Angriffslust der Germanen verweisen, doch von größerer Bedeutung ist, wofür der „Löwe" in Nietzsches Philosophie steht. Er ist ein Symbol des freien Geistes, der die alten Werte zerreißt und in der Wüste des Nihilismus umherschweift. Henning Ottmann macht auch auf einen weiteren wichtigen Kontext aufmerksam, in dem Nietzsches „blonde Bestie" steht: „Wie bei Platon so ist auch bei Nietzsche der ‚Löwe' ein Symbol für den mutartigen Seelenteil. Die Klage des platonischen Kallikles über die Zähmung der jungen Löwen durch Gesetz und Moral der Vielen (*Gorgias* 484 a) oder das platonische Seelenbild von der vielköpfigen ‚Bestie' der Begierden, die durch Vernunft mit Hilfe des Löwen (des Mutes) ‚gezähmt' werden soll, (*Politeia* 518 b ff.) bilden den Hintergrund für Nietzsches provokantes Symbol. Es kehrt Platons ‚Zähmung' der Seele um, so wie Nietzsches Lehre allgemein eine ‚Umkehrung' des Platonismus sein soll. ‚Die blonde Bestie' erweist sich damit als ein moralphilosophisches Schlagwort, das von Nietzsches gesamter Moralphilosophie nicht zu lösen ist."[51]

„Wir lesen nirgends, dass Gott um der Tiere willen Tier geworden sei."

Ludwig Feuerbach

Nietzsches Tierbilder und die deutsche Literatur

Dass Nietzsches Tierbilder eine immense Wirkung auf bedeutende deutsche Schriftsteller des 20. Jahrhunderts – wie etwa Thomas Mann, Rainer Maria Rilke (1875–1926) und Gottfried Benn (1886–1956) – ausgeübt haben, zeigt T. J. Reed in seinem Aufsatz *Nietzsches Tiere: Idee, Bild und Einfluss* von 1978. So bekennt Thomas Mann in seinem Lebensabriss den großen Einfluss, den Nietzsche im Allgemeinen und dessen Metapher von der „blonden Bestie" im Besonderen auf ihn ausgeübt haben: „Zweifellos ist der geistige und stilistische Einfluss Nietzsches schon in meinen ersten an die Öffentlichkeit gelangten Prosaversuchen kenntlich ... Die Berührung mit ihm war in hohem Grade bestimmend für meine sich bildende Geistesform ... Mit einem Wort: Ich sah in Nietzsche vor allem den Selbstüberwinder; ich nahm nichts wörtlich bei ihm, ich glaubte ihm fast nichts, und gerade dies gab meiner Liebe zu ihm das Doppelschichtig-Passionierte, gab ihr die Tiefe ... Was war mir Machtphilosophem und die ‚blonde Bestie'? Beinahe eine Verlegenheit. Seine Verherrlichung des ‚Lebens' auf Kosten des Geistes ... – es gab nur eine Möglichkeit, sie mir zu assimilieren: als Ironie. Es ist wahr, die ‚blonde Bestie' spukt auch in meiner Jugenddichtung, aber sie ist ihres bestialischen Charakters so ziemlich entkleidet, und übriggeblieben ist nichts als die Blondheit zusammen mit der Geistlosigkeit, – Gegenstand jener erotischen Ironie und konservativen Bejahung, durch die der Geist, wie er genau wußte, sich im Grunde so wenig vergab."[52]

Nicht anders verhält es sich im Falle von Rilke, in dessen dichterischem Œuvre sich von Anfang an deutliche Spuren nietzscheanischen Gedankenguts finden – erinnert sei nur an sein berühmtes Gedicht *Der Panther*, das sich einem Besuch des Dichters im Pariser Jardin des Plantes verdankt:

„SEIN Blick ist vom Vorübergehn der Stäbe
so müd geworden, daß er nichts mehr hält.
Ihm ist, als ob es tausend Stäbe gäbe
und hinter tausend Stäben keine Welt.

Der weiche Gang geschmeidig starker Schritte,
der sich im allerkleinsten Kreise dreht,
ist wie ein Tanz von Kraft um eine Mitte,
in der betäubt ein großer Wille steht.

Nur manchmal schiebt der Vorhang der Pupille
sich lautlos auf –. Dann geht ein Bild hinein,
geht durch der Glieder angespannte Stille –
und hört im Herzen auf zu sein."[53]

Schlüsselworte wie „großer Wille", „Geschmeidigkeit" und „Kraft" des „Tanzes", das Instinktive respektive das Fehlen eines reflektierenden Bewusstseins sowie das Vergessen weisen Rilkes Panther als nietzscheanische Kreatur par excellence aus.

Auch in Hermann Hesses (1877–1962) 1927 publiziertem frühexistentialistischem Roman *Der Steppenwolf* hat sich Nietzsches philosophische Auseinandersetzung mit dem mehrdeutigen Verhältnis von Tier und Mensch niedergeschlagen. Der Handlungsträger Harry Haller scheint seiner Doppelnatur, in der „Bestialisches" und „Menschliches", Atavistisch-Animalisches und Humanistisch-Geistiges unvereinbar miteinander im Streit liegen, gnadenlos ausgeliefert: „Es mögen sich kluge Menschen darüber streiten, ob er nun wirklich ein Wolf war, ob er einmal, vielleicht schon vor seiner Geburt, aus einem Wolf in einen Menschen verzaubert worden war oder ob er als Mensch geboren, aber mit der Seele eines Steppenwolfes begabt und von ihr besessen

„Es sollen schon viele Menschen gesehen worden sein, welche viel vom Hund oder vom Fuchs, vom Fisch oder von der Schlange in sich hatten, ohne daß sie darum besondere Schwierigkeiten gehabt hätten."
Hermann Hesse

„... in manchem Manne, der es weit gebracht hat und beneidet wird, war es mehr der Fuchs oder der Affe als der Mensch, der sein Glück gemacht hat."
Hermann Hesse

war oder aber ob dieser Glaube, daß er eigentlich ein Wolf sei, bloß eine Einbildung oder Krankheit von ihm war. Zum Beispiel wäre es ja möglich, daß dieser Mensch etwa in seiner Kindheit wild und unbändig und unordentlich war, dass seine Erzieher versucht hatten, die Bestie in ihm totzukriegen, und ihm gerade dadurch die Einbildung und den Glauben schufen, daß er in der Tat eigentlich eine Bestie sei, nur mit einem dünnen Überzug von Erziehung und Menschentum darüber ... Es sollen schon viele Menschen gesehen worden sein, welche viel vom Hund oder vom Fuchs, vom Fisch oder von der Schlange in sich hatten, ohne daß sie darum besondere Schwierigkeiten gehabt hätten. Bei diesen Menschen lebte der Mensch und der Fuchs, der Mensch und der Fisch nebeneinander her, und keiner tat dem andern weh, einer half sogar dem andern, und in manchem Manne, der es weit gebracht hat und beneidet wird, war es mehr der Fuchs oder der Affe als der Mensch, der sein Glück gemacht hat."[54]

Um ein letztes Beispiel zu nennen, wie Nietzsches philosophische Auseinandersetzung mit dem mehrdeutigen Tier-Mensch-Verhältnis sich in der Literatur des 20. Jahrhunderts niedergeschlagen hat, sei an Gottfried Benn erinnert. In seinem Essay *Nietzsche – nach 50 Jahren* gesteht der Dichter: „Eigentlich hat alles, was meine Generation diskutierte, innerlich sich auseinanderdachte, man kann sagen: erlitt, man kann auch sagen: breittrat – alles das hatte sich bereits bei Nietzsche ausgesprochen und erschöpft definitive Formulierung gefunden, alles Weitere war Exegese."[55] Wie für Nietzsche ist der Mensch in Benns Augen ein „krankes Tier", ein „durchseuchter Gott", der auf Grund seiner „progressiven Zerebration", das heißt seines unaufhaltsamen Zuwachses an Intellektualisierung und Verhirnung, aus dem evolutionären, mehr oder weniger unbewussten, instinktiven Prozess abgeirrt ist und folglich darunter leidet. In seinen *Gesänge*(n) beschwört der Lyriker den verlorenen paradiesischen Zustand vor der fatalen, da angst- und sorgenerfüllten Bewusst- und Ichwerdung des „denkenden Tiers", wie auch der Lebensphilosoph Ludwig Klages (1872–1956) den Menschen zu definieren versuchte:

„Oh, dass wir unsre Ur-ur-ahnen wären.
Ein Klümpchen Schleim in einem warmen Moor.
Leben und Tod, Befruchten und Gebären
Glitte aus unseren stummen Säften vor.

Ein Algenblatt oder ein Dünenhügel:
Vom Wind geformtes und nach unten schwer.
Schon ein Libellenkopf, ein Möwenflügel
Wäre zu weit und litte schon zu sehr. –

Verächtlich sind die Liebenden, die Spötter,
Alles Verzweifeln, Sehnsucht und wer hofft.
Wir sind so schmerzliche durchseuchte Götter. –
Und dennoch denken wir des Gottes oft.

Die weiche Bucht. Die dunklen Wälderträume.
Die Sterne schneeballblütengross und schwer.
Die Panther springen lautlos durch die Bäume.
Alles ist Ufer. Ewig ruft das Meer. –"[56]

tierbilder – Menschenbilder

„Je abstrakter die Wahrheit ist, die man lehren will, um so mehr muß man erst die Sinne zu ihr verführen"[57], schrieb Nietzsche in seiner kleinen, 1882 für Lou Andreas-Salomé verfassten Schrift *Zur Lehre vom Stil* aus den nachgelassenen Fragmenten. Dass Nietzsche sowohl seine eigene, dem rein begrifflich-abstrakten Denken feindliche Philosophie wie auch seinen lebendigen, klaren und sinnlich-anschaulichen Sprachstil an dieser selbst formulierten Maxime ausgerichtet hat, belegen nicht zuletzt seine unerwartet zahlreichen und vielschichtigen (Tier-)Metaphern, die sein gesamtes Werk durchziehen.

Eine ähnliche „Plastizität" des Ausdrucks forderte der Philosoph aber auch von den bildenden Künstlern, zuvörderst den Malern seiner Zeit, die den „Bildcharakter" der Malerei zusehends zu negieren begannen. So warnte Nietzsche eindringlich und geradezu prophetisch, möchte man heute hinzufügen, vor einer „Entsinnlichung der höheren Kunst" durch die zunehmende Intellektualisierung sowie vor dem Übermaß an Symbolik in der modernen Kunst: „In ähnlicher Weise haben einige Maler das Auge intellectualer gemacht und sind weit über Das hinausgegangen, was man früher Farben- und Formenfreude nannte ... Was ist von alledem die Consequenz? Je gedankenfähiger Auge und Ohr werden, um so mehr kommen sie an die Gränze, wo sie unsinnlich werden: die Freude wird in's Gehirn verlegt, die Sinnesorgane selbst werden stumpf und schwach, das Symbolische tritt immer mehr an Stelle des Seienden..."[58]

Im Gegenzug verwarf der Philosoph mit dem Hammer jeden platten Eins-zu-eins-Realismus beziehungsweise Naturalismus, der bemüht ist, das Sichtbare möglichst naturgetreu wiederzugeben und dabei zum Scheitern verurteilt ist, wie ein *Der realistische Maler* betiteltes Scherzgedicht aus der *Fröhlichen Wissenschaft* deutlich macht:

„‚Treu die Natur und ganz!' – Wie fängt er's an:
Wann wäre je Natur im Bilde abgethan?
Unendlich ist das kleinste Stück der Welt! –
Er malt zuletzt davon, was ihm gefällt.
Und was gefällt ihm? Was er malen kann!"[59]

Nietzsche erblickte im Studium nach der Natur „ein schlechtes Zeichen", das „Unterwerfung, Schwäche, Fatalismus" verrate, wie denn überhaupt ein „Im-Staube-Liegen vor petits faits eines *ganzen* Künstlers unwürdig"[60] sei: „Sehen, *was ist* – das gehört einer andern Gattung von Geistern zu, den *anti-artistischen*, den Thatsächlichen."[61]

Stattdessen sollten die Maler gewissermaßen einen „Mittelweg" zwischen Abstraktion und Naturalismus einschlagen, indem sie stets ihrem ureigenen Kunstinstinkt vertrauen und bei aller Wirklichkeitsnähe das apollinische Element, das heißt, den „schönen Schein der Traumwelten", die „Voraussetzung aller bildenden Kunst", nicht aus den Augen verlieren: „Ein geborner Psycholog hütet sich aus Instinkt, zu sehn, um zu sehn; dasselbe gilt vom gebornen Maler. Er arbeitet nie ‚nach der Natur', – er überlässt seinem Instinkte, seiner camera obscura das Durchsieben und Ausdrücken des ‚Falls', der ‚Natur', des ‚Erlebten'…"[62]

Der zweite Hauptteil des vorliegenden Buchs umfasst eine Auswahl von Zitaten aus Nietzsches Werk, die Tier und Mensch in ein enges Verwandtschaftsverhältnis stellen, sowie Zeichnungen (Bleistift und Tinte), die allesamt Menschen zeigen: bekannte Persönlichkeiten der Kulturgeschichte, die in den Texten ausdrücklich genannt werden oder sich zwischen den Zeilen zu erkennen geben. Zuweilen finden sich auch frei assoziierte Verknüpfungen von Tier und Menschendarstellungen, die einen Dialog zwischen Philosophie und Kunst anregen möchten.

Da Nietzsche nie nur das Tier meint, welchem wir in Wald und Flur, im Wasser und in der Luft begegnen, sondern vielmehr das Tier in uns, wählte der Künstler, Keuchenius, an Stelle der Tierillustrationen das Menschenbildnis. Wo Nietzsche in die Seelentiefe des Menschen hinabsteigt und das Unbewusste als Gefahr, als einen Tiger, thematisiert, auf dessen Rücken der ahnungslose Mensch in Träumen hängt, drängt sich beispielsweise das Bild Sigmund Freuds geradezu auf, der Nietzsche kannte und von dessen Scharfblick der Psychologe profitierte.

Abbildung: Friedrich Nietzsche

Pathetische Mücke

„In irgend einem abgelegenen Winkel des in zahllosen Sonnensystemen flimmernd ausgegossenen Weltalls gab es einmal ein Gestirn, auf dem kluge Thiere das Erkennen erfanden. Es war die hochmüthigste und verlogenste Minute der ‚Weltgeschichte': aber doch nur eine Minute. Nach wenigen Athemzügen der Natur erstarrte das Gestirn, und die klugen Thiere mussten sterben. – So könnte Jemand eine Fabel erfinden und würde doch nicht genügend illustrirt haben, wie kläglich, wie schattenhaft und flüchtig, wie zwecklos und beliebig sich der menschliche Intellekt innerhalb der Natur ausnimmt; es gab Ewigkeiten, in denen er nicht war; wenn es wieder mit ihm vorbei ist, wird sich nichts begeben haben. Denn es giebt für jenen Intellekt keine weitere Mission, die über das Menschenleben hinausführte. Sondern menschlich ist er, und nur sein Besitzer und Erzeuger nimmt ihn so pathetisch, als ob die Angeln der Welt sich in ihm drehten. Könnten wir uns aber mit der Mücke verständigen, so würden wir vernehmen, dass auch sie mit diesem Pathos durch die Luft schwimmt und in sich das fliegende Centrum dieser Welt fühlt."

Friedrich Nietzsche:
Ueber Wahrheit und Lüge im aussermoralischen Sinne.
KSA 1, Seite 875

Abbildung: René Descartes (1596–1650)

Wahrheit, Mensch und Tier

„*Wahrheit als Circe.* – Der Irrthum hat aus Thieren Menschen gemacht; sollte die Wahrheit im Stande sein, aus dem Menschen wieder ein Thier zu machen?"

Friedrich Nietzsche:
Menschliches,
Allzumenschliches I.
KSA 2, Seite 324

Abbildung: Marquis de Sade (1740–1814)

Vom versprechenden Tier

„Eben das ist die lange Geschichte von der Herkunft der *Verantwortlichkeit*. Jene Aufgabe, ein Thier heranzuzüchten, das versprechen darf, schliesst, wie wir bereits begriffen haben, als Bedingung und Vorbereitung die nähere Aufgabe in sich, den Menschen zuerst bis zu einem gewissen Grade nothwendig, einförmig, gleich unter Gleichen, regelmässig und folglich berechenbar zu *machen* … Stellen wir uns dagegen an's Ende des ungeheuren Prozesses, dorthin, wo der Baum endlich seine Früchte zeitigt, wo die Societät und ihre Sittlichkeit der Sitte endlich zu Tage bringt, *wozu* sie nur das Mittel war: so finden wir als reifste Frucht an ihrem Baum das *souveraine Individuum*, das nur sich selbst gleiche, das von der Sittlichkeit der Sitte wieder losgekommene, das autonome übersittliche Individuum (denn ‚autonom' und ‚sittlich' schliesst sich aus), kurz den Menschen des eignen unabhängigen langen Willens, der *versprechen darf* – und in ihm ein stolzes, in allen Muskeln zuckendes Bewusstsein davon, *was* da endlich errungen und in ihm leibhaft gworden ist, ein eigentliches Macht- und Freiheits-Bewusstsein, ein Vollendungs-Gefühl des Menschen überhaupt."

Friedrich Nietzsche:
Zur Genealogie der Moral.
KSA 5, Seite 293

Abbildung: Napoleon Bonaparte (1769–1821)

Raubtier, Raubmensch

„Man missversteht das Raubthier und den Raubmenschen (zum Beispiele Cesare Borgia) gründlich, man missversteht die ‚Natur', so lange man noch nach einer ‚Krankhaftigkeit' im Grunde dieser gesündesten aller tropischen Unthiere und Gewächse sucht, oder gar nach einer ihnen eingeborenen ‚Hölle' –: wie es bisher fast alle Moralisten gethan haben. Es scheint, dass es bei den Moralisten einen Hass gegen den Urwald und gegen die Tropen giebt? Und dass der ‚tropische Mensch' um jeden Preis diskreditirt werden muss, sei es als Krankheit und Entartung des Menschen, sei es als eigne Hölle und Selbst-Marterung? Warum doch? Zu Gunsten der ‚gemässigten Zonen'? Zu Gunsten der gemässigten Menschen? Der ‚Moralischen'? Der Mittelmässigen?"

Friedrich Nietzsche:
Jenseits von Gut und Böse.
KSA 5, Seite 117

Abbildung: Cesare Borgia (1475–1507)

ernste Bestie

„Der Intellect ist bei den Allermeisten eine schwerfällige, finstere und knarrende Maschine, welche übel in Gang zu bringen ist: sie nennen es ‚die Sache *ernst nehmen*‘, wenn sie mit dieser Maschine arbeiten und gut denken wollen – oh wie lästig muss ihnen das Gut-Denken sein! Die liebliche Bestie Mensch verliert jedesmal, wie es scheint, die gute Laune, wenn sie gut denkt; sie wird ‚ernst‘! Und ‚wo Lachen und Fröhlichkeit ist, da taugt das Denken Nichts‘: – so lautet das Vorurtheil dieser ernsten Bestie gegen alle ‚fröhliche Wissenschaft‘. – Wohlan! Zeigen wir, dass es ein Vorurtheil ist!"

Friedrich Nietzsche:
Die fröhliche Wissenschaft.
KSA 3, Seite 555

Abbildung: Georg Wilhelm Friedrich Hegel (1770–1831)

Von Lämmern und Raubvögeln

„Dass die Lämmer den grossen Raubvögeln gram sind, das befremdet nicht: nur liegt darin kein Grund, es den grossen Raubvögeln zu verargen, dass sie sich kleine Lämmer holen. Und wenn die Lämmer unter sich sagen ‚diese Raubvögel sind böse; und wer so wenig als möglich ein Raubvogel ist, vielmehr deren Gegenstück, ein Lamm, – sollte der nicht gut sein?' so ist an dieser Aufrichtung eines Ideals Nichts auszusetzen, sei es auch, dass die Raubvögel dazu ein wenig spöttisch blicken werden und vielleicht sich sagen: ‚*wir* sind ihnen gar nicht gram, diesen guten Lämmern, wir lieben sie sogar: nichts ist schmackhafter als ein zartes Lamm.' – Von der Stärke verlangen, dass sie sich *nicht* als Stärke äussere, dass sie *nicht* ein Überwältigen-Wollen, ein Niederwerfen-Wollen, ein Herrwerden-Wollen, ein Durst nach Feinden und Widerständen und Triumphen sei, ist gerade so widersinnig als von der Schwäche verlangen, dass sie sich als Stärke äussere."

Friedrich Nietzsche:
Zur Genealogie der Moral.
KSA 5, Seite 278 f.

Abbildung: Niccolò Machiavelli (1469–1527)

Zwergtier Mensch

„Die *Gesammt-Entartung des Menschen*, hinab bis zu dem, was heute den socialistischen Tölpeln und Flachköpfen als ihr ‚Mensch der Zukunft' erscheint, – als ihr Ideal! – diese Entartung und Verkleinerung des Menschen zum vollkommenen Heerdenthiere (oder, wie sie sagen, zum Menschen der ‚freien Gesellschaft'), diese Verthierung des Menschen zum Zwergthiere der gleichen Rechte und Ansprüche ist *möglich*, es ist kein Zweifel! Wer diese Möglichkeit einmal bis zu Ende gedacht hat, kennt einen Ekel mehr, als die übrigen Menschen, – und vielleicht auch eine neue *Aufgabe*! ..."

Friedrich Nietzsche:
Jenseits von Gut und Böse.
KSA 5, Seite 127 f.

Abbildung: Karl Marx (1818–1883)

Von Würmern und Nagetieren

„Ein Leichnam ist für den Wurm ein schöner Gedanke und der Wurm ein schrecklicher für jedes Lebendige. Würmer träumen sich ihr Himmelreich in einem fetten Körper, Philosophieprofessoren im Zerwühlen Schopenhauerischer Eingeweide, und so lange es Nagethiere giebt, gab es auch einen Nagethierhimmel."

Friedrich Nietzsche:
Unzeitgemässe
Betrachtungen I.
KSA 1, Seite 188

Abbildung: Arthur Schopenhauer (1788–1860)

Moral-Tarantel

„Woran liegt es doch, dass von Plato ab alle philosophischen Baumeister in Europa umsonst gebaut haben? Dass Alles einzufallen droht oder schon in Schutt liegt? ... Die richtige Antwort wäre ..., dass alle Philosophen unter der Verführung der Moral gebaut haben, auch Kant –, dass ihre Absicht scheinbar auf Gewissheit, auf ‚Wahrheit‘, eigentlich aber auf ‚*majestätische sittliche Gebäude*‘ ausgieng: um uns noch einmal der unschuldigen Sprache Kant's zu bedienen ... Ach, es ist ihm nicht gelungen, im Gegentheil! – wie man heute sagen muss. Kant war mit einer solchen schwärmerischen Absicht eben der rechte Sohn seines Jahrhunderts, das mehr als jedes andere das Jahrhundert der Schwärmerei genannt werden darf ... Auch ihn hatte die Moral-Tarantel Rousseau gebissen, auch ihm lag der Gedanke des moralischen Fanatismus auf dem Grunde der Seele, als dessen Vollstrecker sich ein andrer Jünger Rousseau's fühlte und bekannte, nämlich Robespierre, ‚de fonder sur la terre l'empire de la sagesse, de la justice et de la vertu‘ (Rede vom 7. Juni 1794)."

Friedrich Nietzsche:
Morgenröthe.
KSA 3, Seite 13 f.

Abbildung: Maximilian de Robespierre (1758–1794)

das Tierisch-Grausame der Aufklärung

„Alles das Halbverrückte, Schauspielerische, Thierisch-Grausame, Wollüstige, namentlich Sentimentale und Sich-selbst-Berauschende, was zusammen die eigentlich *revolutionäre Substanz* ausmacht und in Rousseau, vor der Revolution, Fleisch und Geist geworden war, – dieses ganze Wesen setzte sich mit perfider Begeisterung noch *die Aufklärung* auf das fanatische Haupt, welches durch diese selber wie in einer verklärenden Glorie zu leuchten begann: die Aufklärung, die im Grunde jenem Wesen so fremd ist und, für sich waltend, still wie ein Lichtglanz durch Wolken gegangen sein würde, lange Zeit zufrieden damit, nur die Einzelnen umzubilden: sodass sie nur sehr langsam auch die Sitten und Einrichtungen der Völker umgebildet hätte. Jetzt aber, an ein gewaltsames und plötzliches Wesen gebunden, wurde die Aufklärung selber gewaltsam und plötzlich."

Friedrich Nietzsche:
Menschliches,
Allzumenschliches II.
KSA 2, Seite 654

Abbildung: Jean-Jacques Rousseau (1712–1778)

Das Tier im Menschen

„Wer nicht im Verkehr mit Menschen gelegentlich in allen Farben der Noth, grün und grau vor Ekel, Überdruss, Mitgefühl, Verdüsterung, Vereinsamung schillert, der ist gewiss kein Mensch höheren Geschmacks; gesetzt aber, er nimmt alle diese Last und Unlust nicht freiwillig auf sich, er weicht ihr immerdar aus ..., so ist Eins gewiss: er ist zur Erkenntniss nicht gemacht, nicht vorherbestimmt ... Das Studium des *durchschnittlichen* Menschen, lang, ernsthaft, und zu diesem Zwecke viel Verkleidung, Selbstüberwindung, Vertraulichkeit, schlechter Umgang – jeder Umgang ist schlechter Umgang ausser dem mit Seines-Gleichen –: das macht ein nothwendiges Stück der Lebensgeschichte jedes Philosophen aus, vielleicht das unangenehmste, übelriechendste, an Enttäuschungen reichste Stück. Hat er aber Glück, wie es einem Glückskinde der Erkenntniss geziemt, so begegnet er eigentlichen Abkürzern und Erleichterern seiner Aufgabe, – ich meine sogenannten Cynikern, also Solchen, welche das Thier, die Gemeinheit, die ‚Regel' an sich einfach anerkennen..."

Friedrich Nietzsche:
Jenseits von Gut und Böse.
KSA 5, Seite 44

Abbildung: Diogenes von Sinope (412–323 v. Chr.)

tiere und die Moral

„Das Thier beurtheilt die Bewegungen seiner Gegner und Freunde, es lernt ihre Eigenthümlichkeiten auswendig, es richtet sich auf diese ein: gegen Einzelne einer bestimmten Gattung giebt es ein für allemal den Kampf auf und ebenso erräth es in der Annäherung mancher Arten von Thieren die Absicht des Friedens und des Vertrags. Die Anfänge der Gerechtigkeit, wie die der Klugheit, Mässigung, Tapferkeit, – kurz Alles, was wir mit dem Namen der *sokratischen Tugenden* bezeichnen, ist *thierhaft*: eine Folge jener Triebe, welche lehren, nach Nahrung zu suchen und den Feinden zu entgehen. Erwägen wir nun, dass auch der höchste Mensch sich eben nur in der *Art* seiner Nahrung und in dem Begriffe dessen, was ihm Alles feindlich ist, erhoben und verfeinert hat, so wird es nicht unerlaubt sein, das ganze moralische Phänomen als thierhaft zu bezeichnen."

Friedrich Nietzsche:
Morgenröthe.
KSA 3, Seite 37

Abbildung: Sokrates (469–399 v. Chr.)

das noch nicht festgestellte Tier

„Es giebt bei dem Menschen wie bei jeder anderen Thierart einen Überschuss von ... nothwendig Leidenden; die gelungenen Fälle sind auch beim Menschen immer die Ausnahme und sogar in Hinsicht darauf, dass der Mensch *das noch nicht festgestellte Thier* ist, die spärliche Ausnahme. Aber noch schlimmer: je höher geartet der Typus eines Menschen ist, der durch ihn dargestellt wird, um so mehr steigt noch die Unwahrscheinlichkeit, dass er *geräth*: das Zufällige, das Gesetz des Unsinns im gesammten Haushalte der Menschheit zeigt sich am erschrecklichsten in seiner zerstörerischen Wirkung auf die höheren Menschen, deren Lebensbedingungen fein, vielfach und schwer auszurechnen sind."

Friedrich Nietzsche:
Jenseits von Gut und Böse.
KSA 5, Seite 81

Abbildung: Buonarroti Michelangelo (1475–1564)

Wurmhafte Vernunft

„Der Glaube, wie ihn das erste Christenthum verlangt und nicht selten erreicht hat ... (ist) viel eher schon jener Glaube Pascal's, der auf schreckliche Weise einem dauernden Selbstmorde der Vernunft ähnlich sieht, – einer zähen langlebigen wurmhaften Vernunft, die nicht mit Einem Male und Einem Streiche todtzumachen ist. Der christliche Glaube ist von Anbeginn Opferung: Opferung aller Freiheit, alles Stolzes, aller Selbstgewissheit des Geistes; zugleich Verknechtung und Selbst-Verhöhnung, Selbst-Verstümmelung. Es ist Grausamkeit und religiöser Phönicismus in diesem Glauben, der einem mürben, vielfachen und viel verwöhnten Gewissen zugemuthet wird: seine Voraussetzung ist, dass die Unterwerfung des Geistes unbeschreiblich *wehe thut*, dass die ganze Vergangenheit und Gewohnheit eines solchen Geistes sich gegen das Absurdissimum wehrt, als welches ihm der ‚Glaube' entgegentritt."

Friedrich Nietzsche:
Jenseits von Gut und Böse.
KSA 5, Seite 66 f.

Abbildung: Blaise Pascal (1623–1662)

die alte Spinne

„Man übersieht heute gut genug, wie Luther in allen kardinalen Fragen der Macht verhängnissvoll kurz, oberflächlich, unvorsichtig angelegt war, vor Allem als Mann aus dem Volke, dem alle Erbschaft einer herrschenden Kaste, aller Instinkt für Macht abgieng: so dass sein Werk, sein Wille zur Wiederherstellung jenes Römer-Werks, ohne dass er es wollte und wusste, nur der Anfang eines Zerstörungswerks wurde. Er dröselte auf, er riss zusammen, mit ehrlichem Ingrimme, wo die alte Spinne am sorgsamsten und längsten gewoben hatte. Er lieferte die heiligen Bücher an Jedermann aus,– damit geriethen sie endlich in die Hände der Philologen, das heisst der Vernichter jeden Glaubens, der auf Büchern ruht. Er zerstörete den Begriff ‚Kirche‘, indem er den Glauben an die Inspiration der Concilien wegwarf: denn nur unter der Voraussetzung, dass der inspirirende Geist, der die Kirche gegründet hat, in ihr noch lebe, noch baue, noch fortfahre, sein Haus zu bauen, behält der Begriff ‚Kirche‘ Kraft."

Friedrich Nietzsche:
Die fröhliche Wissenschaft.
KSA 3, Seite 603

Abbildung: Martin Luther (1483–1546)

die Spinne Gott

„Ehemals hatte er nur sein Volk, sein ‚auserwähltes‘ Volk. Inzwischen gieng er, ganz wie sein Volk selber, in die Fremde, auf Wanderschaft, er sass seitdem nirgendswo mehr still: bis er endlich überall heimisch wurde, der grosse Cosmopolit, – bis er ‚die grosse Zahl‘ und die halbe Erde auf seine Seite bekam ... Selbst die Blassesten der Blassen wurden noch über ihn Herr, die Herrn Metaphysiker, die Begriffs-Albinos. Diese spannen so lange um ihn herum, bis er, hypnotisirt durch ihre Bewegungen, selbst Spinne, selbst Metaphysicus wurde. Nunmehr spann er wieder die Welt aus sich heraus – sub specie Spinozae –, nunmehr transfigurirte er sich ins immer Dünnere und Blässere, ward ‚Ideal‘, ward ‚reiner Geist‘, ward ‚absolutum‘, ward ‚Ding an sich‘ ... *Verfall eines Gottes*: Gott ward ‚Ding an sich‘ ...“

Friedrich Nietzsche:
Der Antichrist.
KSA 6, Seite 184

Abbildung: Baruch de Spinoza (1632–1677)

Kater Kant oder von der unbefleckten Erkenntnis

„Nein, ich mag ihn nicht, diesen Kater auf den Dächern! Widerlich sind mir Alle, die um halbverschlossne Fenster schleichen!...

Dieses Gleichniss gebe ich euch empfindsamen Heuchlern, euch, den ‚Rein-Erkennenden!' Euch heisse *ich* – Lüsterne!

Auch ihr liebt die Erde und das Irdische: ich errieth euch wohl! – aber Scham ist in eurer Liebe und schlechtes Gewissen, – dem Monde gleicht ihr!

Zur Verachtung des Irdischen hat man euren Geist überredet, aber nicht eure Eingeweide: *die* aber sind das Stärkste an euch!

Und nun schämt sich euer Geist, dass er euren Eingeweiden zu Willen ist und geht vor seiner eignen Scham Schleich- und Lügenwege...

‚Das wäre mir das Liebste, – also verführt sich selber der Verführte – die Erde zu lieben, wie der Mond sie liebt, und nur mit dem Auge allein ihre Schönheit zu betasten.

Und das heisse mir aller Dinge *unbefleckte* Erkenntnis, dass ich von den Dingen Nichts will: ausser dass ich vor ihnen da liegen darf wie ein Spiegel mit hundert Augen.'"

Friedrich Nietzsche:
Also sprach Zarathustra.
KSA 4, Seite 156 f.

Abbildung: Immanuel Kant (1724–1804)

Räthselthier Zarathustra

„Wer sind mir Vater und Mutter?
Ist nicht mir Vater Prinz Überfluss
und Mutter das stille Lachen?
Erzeugte nicht dieser Beiden Ehebund
mich Räthselthier,
mich Lichtunhold,
mich Verschwender aller Weisheit Zarathustra?

Krank heute vor Zärtlichkeit,
ein Thauwind,
sitzt Zarathustra wartend, wartend auf seinen Bergen, –
im eignen Safte
süss geworden und gekocht,
unterhalb seines Gipfels,
unterhalb seines Eises,
müde und selig,
ein Schaffender an seinem siebenten Tag."

Friedrich Nietzsche:
Nietzsche contra Wagner.
KSA 6, Seite 442 f.

Abbildung: Zarathustra

fruchtbare Schreibe-Kuh

„*George Sand.* – Ich las die ersten lettres d'un voyageur: wie Alles, was von Rousseau stammt, falsch, gemacht, Blasebalg, übertrieben. Ich halte diesen bunten Tapeten-Stil nicht aus; ebensowenig als die Pöbel-Ambition nach generösen Gefühlen. Das Schlimmste freilich bleibt die Weibskoketterie mit Männlichkeiten, mit Manieren ungezogener Jungen. – Wie kalt muss sie bei alledem gewesen sein, diese unausstehliche Künstlerin! Sie zog sich auf wie eine Uhr – und schrieb ... Kalt, wie Hugo, wie Balzac, wie alle Romantiker, sobald sie dichteten! Und wie selbstgefällig sie dabei dagelegen haben mag, diese fruchtbare Schreibe-Kuh, die etwas Deutsches im schlimmen Sinne an sich hatte, gleich Rousseau selbst, ihrem Meister, und jedenfalls erst beim Niedergang des französischen Geschmacks möglich war! – Aber Renan verehrt sie..."

Friedrich Nietzsche:
Götzen-Dämmerung.
KSA 6, Seite 114 f.

Abbildung: George Sand (1804–1876)

tier und Engel

„Denn zwischen Keuschheit und Sinnlichkeit giebt es keinen nothwendigen Gegensatz; jede gute Ehe, jede eigentliche Herzensliebschaft ist über diesen Gegensatz hinaus ... Selbst aber in jenem Falle, wo es wirklich jenen Gegensatz von Keuschheit und Sinnlichkeit giebt, braucht es glücklicher Weise noch lange kein tragischer Gegensatz zu sein. Dies dürfte wenigstens für alle wohlgeratheneren, wohlgemutheren Sterblichen gelten, welche ferne davon sind, ihr labiles Gleichgewicht zwischen ‚Thier und Engel' ohne Weiteres zu den Gegengründen des Daseins zu rechnen, – die Feinsten und Hellsten, gleich Goethen, gleich Hafis, haben darin sogar einen Lebensreiz *mehr* gesehn. Solche ‚Widersprüche' gerade verführen zum Dasein..."

Friedrich Nietzsche:
Zur Genealogie der Moral.
KSA 5, Seite 340 f.

Abbildung: Schamsoddin Mohammad Hafis (1325–1390)

das Tier mit roten Backen

„Der Mensch ist das Thier mit rothen Backen: der Mensch ist das Thier, welches sich zu oft hat schämen müssen. Lüstlinge giebt es des Geistes: es giebt auch Büßer des Geistes."

Friedrich Nietzsche:
Nachgelassene Fragmente.
KSA 10, Seite 458

Abbildung: Franz Kafka (1883–1924)

Wunderliche Vögel

„Die Frauen sind von den Männern bisher wie Vögel behandelt worden, die von irgend welcher Höhe sich hinab zu ihnen verirrt haben: als etwas Feineres, Verletzlicheres, Wilderes, Wunderlicheres, Süsseres, Seelenvolleres, – aber als Etwas, das man einsperren muss, damit es nicht davonfliegt."

Friedrich Nietzsche:
Jenseits von Gut und Böse.
KSA 5, Seite 174

Abbildung: Lou Andreas-Salomé (1861–1937)

Ödipus oder Sphinx?

„*Wer* ist das eigentlich, der uns hier Fragen stellt? *Was* in uns will eigentlich ‚zur Wahrheit'? – In der That, wir machten lange Halt vor der Frage nach der Ursache dieses Willens, – bis wir, zuletzt, vor einer noch gründlicheren Frage ganz und gar stehen blieben. Wir fragten nach dem *Werthe* dieses Willens. Gesetzt, wir wollen Wahrheit: *warum nicht lieber* Unwahrheit? Und Ungewissheit? Selbst Unwissenheit? – Das Problem vom Werthe der Wahrheit trat vor uns hin, – oder waren wir's, die vor das Problem hin traten? Wer von uns ist hier Oedipus? Wer Sphinx?"

Friedrich Nietzsche:
Jenseits von Gut und Böse.
KSA 5, Seite 15

Abbildung: Friedrich Nietzsche (1844–1900)

Auf dem Rücken eines Tigers

„Was weiss der Mensch eigentlich von sich selbst! Ja, vermöchte er auch nur sich einmal vollständig, hingelegt wie in einen erleuchteten Glaskasten, zu percipiren? Verschweigt die Natur ihm nicht das Allermeiste, selbst über seinen Körper, um ihn, abseits von den Windungen der Gedärme, dem raschen Fluss der Blutströme, den verwickelten Fasererzitterungen, in ein stolzes gauklerisches Bewusstsein zu bannen und einzuschliessen! Sie warf den Schlüssel weg: und wehe der verhängnissvollen Neubegier, die durch eine Spalte einmal aus dem Bewusstseinszimmer heraus und hinab zu sehen vermöchte und die jetzt ahnte, dass auf dem Erbarmungslosen, dem Gierigen, dem Unersättlichen, dem Mörderischen der Mensch ruht, in der Gleichgültigkeit seines Nichtwissens, und gleichsam auf dem Rücken eines Tigers in Träumen hängend. Woher, in aller Welt, bei dieser Constellation der Trieb zur Wahrheit!"

Friedrich Nietzsche:
Ueber Wahrheit und Lüge im aussermoralischen Sinne.
KSA 1, Seite 877

Abbildung: Sigmund Freud (1856–1939)

gelehrte Esel

„Freilich, es giebt genug blödsinnige Frauen-Freunde und Weibs-Verderber unter den gelehrten Eseln männlichen Geschlechts, die dem Weibe anrathen, sich dergestalt zu entweiblichen und alle die Dummheiten nachzumachen, an denen der ‚Mann' in Europa, die europäische ‚Mannhaftigkeit' krankt, – welche das Weib bis zur ‚allgemeinen Bildung', wohl gar zum Zeitungslesen und Politisiren herunterbringen möchten … Das, was am Weibe Respekt und oft genug Furcht einflösst, ist seine *Natur*, die ‚natürlicher' ist als die des Mannes, seine ächte raubthierhafte listige Geschmeidigkeit, seine Tigerkralle unter dem Handschuh, seine Naivetät im Egoismus, seine Unerziehbarkeit und innerliche Wildheit, das Unfassliche, Weite, Schweifende seiner Begierden und Tugenden…"

Friedrich Nietzsche:
Jenseits von Gut und Böse.
KSA 5, Seite 177 f.

Abbildung: Alice Schwarzer (*1942)

Vom Vogel Albatros

„Liebeserklärung
(bei der aber der Dichter in eine Grube fiel –).

  Oh Wunder! Fliegt er noch?
Er steigt empor, und seine Flügel ruhn?
  Was hebt und trägt ihn doch?
Was ist ihm Ziel und Zug und Zügel nun?

  Gleich Stern und Ewigkeit
Lebt er in Höhn jetzt, die das Leben flieht,
  Mitleidig selbst dem Neid –:
Und hoch flog, wer ihn auch nur schweben sieht!

  Oh Vogel Albatross!
Zur Höhe treibt's mit ew'gem Triebe mich.
  Ich dachte dein: da floss
Mir Thrän' um Thräne, – ja, ich liebe dich!"

Friedrich Nietzsche:
Die fröhliche Wissenschaft.
Lieder des Prinzen Vogelfrei.
KSA 3, Seite 644

Abbildung: Stefan George (1868–1933)

tierischer Lebenskampf

„Was den berühmten Kampf um's Leben betrifft, ... so läuft er leider umgekehrt aus als die Schule Darwin's wünscht, als man vielleicht mit ihr wünschen *dürfte*: nämlich zu Ungunsten der Starken, der Bevorrechtigten, der glücklichen Ausnahmen ... die Schwachen werden immer wieder über die Starken Herr, – das macht, sie sind die grosse Zahl, sie sind auch *klüger*..."

Friedrich Nietzsche:
Götzen-Dämmerung.
KSA 6, Seite 120

Abbildung: Bertolt Brecht (1898–1956)

gutmütige Affen

„Die Affen sind zu gutmüthig, als daß der Mensch von ihnen abstammen könnte."

Friedrich Nietzsche:
Nachgelassene Fragmente
KSA 11, Seite 74

Abbildung: Charles Darwin (1809–1882)

blonde und andere Bestien

„Auf dem Grunde aller dieser vornehmen Rassen ist das Raubthier, die prachtvolle nach Beute und Sieg lüstern schweifende *blonde Bestie* nicht zu verkennen; es bedarf für diesen verborgenen Grund von Zeit zu Zeit der Entladung, das Thier muss wieder heraus, muss wieder in die Wildnis zurück: – römischer, arabischer, germanischer, japanesischer Adel, homerische Helden, skandinavische Wikinger – in diesem Bedürfniss sind sie sich alle gleich. Die vornehmen Rassen sind es, welche den Begriff ‚Barbar' auf all den Spuren hinterlassen haben, wo sie gegangen sind; noch aus ihrer höchsten Cultur heraus verräth sich ein Bewusstsein davon und ein Stolz selbst darauf…"

Friedrich Nietzsche:
Zur Genealogie der Moral.
KSA 5, Seite 275

Abbildung: Alexander der Große (356–323 v. Chr.)

Von der dichtenden Hyäne

„Meine Unmöglichen: – Seneca: oder der Toreador der Tugend. – Rousseau: oder die Rückkehr zur Natur in impuris naturalibus. – Schiller: oder der Moral-Trompeter von Säckingen. – Dante: oder die Hyäne, die in Gräbern dichtet."

Friedrich Nietzsche:
Götzen-Dämmerung.
KSA 6, Seite 111

Abbildung: Dante Alighieri (1265–1321)

alter Minotaurus

„Ah, dieser alte Räuber! Er raubt uns die Jünglinge, er raubt selbst noch unsre Frauen und schleppt sie in seine Höhle ... Ah, dieser alte Minotaurus! Was er uns schon gekostet hat! Alljährlich führt man ihm Züge der schönsten Mädchen und Jünglinge in sein Labyrinth, damit er sie verschlinge, – alljährlich intonirt ganz Europa ‚auf nach Kreta! auf nach Kreta!'..."

Friedrich Nietzsche:
Der Fall Wagner.
KSA 6, Seite 45

Abbildung: Richard Wagner (1813–1883)

Selbsttierquäler

„Ich kenne keine herzzerreissendere Lektüre als Shakespeare: was muss ein Mensch gelitten haben, um dergestalt es nöthig zu haben, Hanswurst zu sein! – *Versteht* man den Hamlet? Nicht der Zweifel, die *Gewissheit* ist das, was wahnsinnig macht... Aber dazu muss man tief, Abgrund, Philosoph sein, um so zu fühlen... Wir *fürchten* uns Alle vor der Wahrheit... Und, dass ich es bekenne: ich bin dessen instinktiv sicher und gewiss, dass Lord Bacon der Urheber, der Selbstthierquäler dieser unheimlichsten Art Litteratur ist..."

Friedrich Nietzsche:
Ecce homo.
KSA 6, Seite 287

Abbildung: William Shakespeare (1564–1616)

Pfau der Pfauen

„Ach, es giebt so viel Dinge zwischen Himmel und Erden, von denen sich nur die Dichter Etwas haben träumen lassen!

Und zumal über dem Himmel: denn alle Götter sind Dichter-Gleichniss, Dichter-Erschleichniss!

Wahrlich, immer zieht es uns hinan – nämlich zum Reich der Wolken: auf diese setzen wir unsre bunten Bälge und heissen sie dann Götter und Übermenschen…

Ach, wie bin ich all des Unzulänglichen müde, das durchaus Ereigniss sein soll! Ach, wie bin ich der Dichter müde!…

Ach, ich warf wohl mein Netz in ihre Meere und wollte gute Fische fangen; aber immer zog ich eines alten Gottes Kopf herauf…

Sie lernten vom Meere auch noch seine Eitelkeit: ist nicht das Meer der Pfau der Pfauen?…

Wahrlich, ihr Geist selber ist der Pfau der Pfauen und ein Meer von Eitelkeit."

Friedrich Nietzsche:
Also sprach Zarathustra.
KSA 4, Seite 164 ff.

Abbildung: Johann Wolfgang von Goethe (1749–1832)

Lügentier

„Der *Wahrheit* Freier? Du? – so höhnten sie –
Nein! Nur ein Dichter!
Ein Thier, ein listiges, raubendes, schleichendes,
Das lügen muss,
Das wissentlich, willentlich lügen muss:
Nach Beute lüstern,
Bunt verlarvt,
Sich selber Larve,
Sich selbst zur Beute –
Das – der Wahrheit Freier?
Nein! Nur Narr! Nur Dichter!
Nur Buntes redend,
Aus Narren-Larven bunt herausschreiend,
Herumsteigend auf lügnerischen Wort-Brücken,
Auf bunten Regenbogen,
Zwischen falschen Himmeln
Und falschen Erden,
Herumschweifend, herumschwebend, –
Nur Narr! *Nur* Dichter!"

Friedrich Nietzsche:
Also sprach Zarathustra.
KSA 4, Seite 371 f.

Abbildung: Heinrich Heine (1797–1856)

Katzenjammer

„Was den pessimistischen Baudelaire betrifft, so gehört er zu jenen kaum glaublichen Amphibien, welche ebensosehr deutsch als pariserisch sind; seine Dichtung hat etwas von dem, was man in Deutschland Gemüth oder ‚unendliche Melodie' und mitunter auch ‚Katzenjammer' nennt. Im Übrigen war Baudelaire der Mensch eines vielleicht verdorbenen, aber sehr bestimmten und scharfen, seiner selbst gewissen Geschmacks: damit tyrannisirt er die Ungewissen von Heute. Wenn er seiner Zeit der erste Prophet und Fürsprecher Delacroix' war: vielleicht dass er heute der erste ‚Wagnerianer' von Paris sein würde. Es ist viel Wagner in Baudelaire."

Friedrich Nietzsche:
Nachgelassene Fragmente.
KSA 11, Seite 601

Abbildung: Charles Baudelaire (1821–1867)

Von den Insekten

„Zu Gunsten der Kritiker. – Die Insecten stechen, nicht aus Bosheit, sondern weil sie auch leben wollen: ebenso unsere Kritiker; sie wollen unser Blut, nicht unsern Schmerz."

Friedrich Nietzsche:
Menschliches,
Allzumenschliches II.
KSA 2, Seite 445

Abbildung: Marcel Reich-Ranicki (*1920)

Anmerkungen

Alle Zitate aus dem Werk von Friedrich Nietzsche wurden zitiert nach: Nietzsche, Friedrich: Kritische Studienausgabe (KSA). Herausgegeben von Giorgio Colli und Mazzino Montinari. Deutscher Taschenbuch Verlag, München und Walter de Gruyter, Berlin/New York 1988

1. Börne, Ludwig: Aphorismen. In: Börne, Ludwig: Sämtliche Werke in fünf Bänden. Neu bearbeitet und herausgegeben von Inge und Peter Rippmann, Joseph Melzer Verlag, Düsseldorf 1964–1968

2. Grimm, Jacob: In: Fuchs, Reinhart, Berlin 1834, I. Band. Zitiert nach: Dinzelbacher, Peter (Hrsg.), Mensch und Tier in der Geschichte Europas. Alfred Kröner Verlag, Stuttgart 2000, Seite IX

3. Münch, Paul: Freunde und Feinde. Tiere und Menschen in der Geschichte. In: Mensch und Tier. Geschichte einer heiklen Beziehung, mit vier Zeichnungen von Robert Gernhardt. Suhrkamp Verlag, Frankfurt am Main 2001, Seite 33

4. Genesis 1, 27/28

5. Pico della Mirandola, Giovanni: De hominis dignitate. Über die Würde des Menschen. Übersetzt von Norbert Baumgarten, herausgegeben und eingeleitet von August Buck, lateinisch-deutsch. Felix Meiner Verlag, Hamburg 1990, Seite 7

6. Spinoza, Baruch de: Die Ethik nach geometrischer Methode dargestellt. Übersetzung, Anmerkungen und Register von Otto Baensch, Einleitung von Rudolf Schottlaender. Felix Meiner Verlag, Hamburg o. J.

7. La Mettrie, Julien Offray de: L'homme machine. Die Maschine Mensch. Übersetzt und herausgegeben von Claudia Becker, französisch-deutsch. Felix Meiner Verlag, Hamburg 1990, Seite 53, 75 u. 77

8. Herder, Johann Gottfried: Abhandlung über den Ursprung der Sprache. Zitiert nach: Dinzelbacher, Peter (Hrsg.): Mensch und Tier. Geschichte einer heiklen Beziehung, Seite 9

9. Darwin, Charles: Die Abstammung des Menschen. Stuttgart 1875

10. Nietzsche, Friedrich: Der Antichrist. Fluch auf das Christentum. KSA. Band 7, Seite 180

11. Nietzsche, Friedrich: Homer's Wettkampf. KSA. Band 1, Seite 783

Nietzsche, Friedrich: Die fröhliche Wissenschaft. KSA. Band 3, Seite 372	12.
Nietzsche, Friedrich: Also sprach Zarathustra. Ein Buch für Alle und Keinen. KSA. Band 4, Seite 14 ff.	13.
Safranski, Rüdiger: Nietzsche. Biographie seines Denkens. Hanser Verlag, München/Wien 2000, Seite 270	14.
Nietzsche, Friedrich: Also sprach Zarathustra. Ein Buch für Alle und Keinen. KSA. Band 4, Seite 14	15.
Safranski, Rüdiger: Nietzsche. Biographie seines Denkens. Hanser Verlag, München/Wien 2000, Seite 270	16.
Nietzsche, Friedrich: Also sprach Zarathustra. Ein Buch für Alle und Keinen. KSA. Band 4, Seite 39	17.
Nietzsche, Friedrich: Ueber Wahrheit und Lüge im aussermoralischen Sinne. KSA. Band 1, Seite 876	18.
Nietzsche, Friedrich: Ueber Wahrheit und Lüge im aussermoralischen Sinne. KSA. Band 1, Seite 877	19.
Nietzsche, Friedrich: Ueber Wahrheit und Lüge im aussermoralischen Sinne. KSA. Band 1, Seite 877, Seite 875	20.
Nietzsche, Friedrich: Morgenröthe. Gedanken über die moralischen Vorurtheile. KSA. Band 3, Seite 227	21.
Freud, Sigmund: Eine Schwierigkeit der Psychoanalyse. In: Freud, Sigmund: Gesammelte Werke. Chronologisch geordnet, herausgegeben von Anna Freud, Werke aus den Jahren 1917–1920. Band 12, S. Fischer Verlag, Frankfurt am Main 1972, Seite 7 f.	22.
Nietzsche, Friedrich: Menschliches, Allzumenschliches. KSA. Band 2, Seite 64	23.
Nietzsche, Friedrich: Morgenröthe. Gedanken über moralische Vorurtheile. KSA. Band 3, Seite 36 f.	24.
Nietzsche, Friedrich: Morgenröthe. Gedanken über moralische Vorurtheile. KSA. Band 3, Seite 234	25.
Nietzsche, Friedrich: Die fröhliche Wissenschaft. KSA. Band 3, Seite 510	26.

27. Nietzsche, Friedrich: Zur Lehre vom Stil. Nachgelassene Fragmente. KSA. Band 10, Seite 23

28. Nietzsche, Friedrich: Zur Genealogie der Moral. Eine Streitschrift. KSA. Band 5, Seite 357

29. Nietzsche, Friedrich: Ecce homo. Wie man wird, was man ist. KSA. Band 6, Seite 340

30. Nietzsche, Friedrich: Also sprach Zarathustra. Ein Buch für Alle und Keinen. KSA. Band 4, Seite 27

31. Nietzsche, Friedrich: Dionysos-Dithyramben. KSA. Band 6, Seite 377 f.

32. Nietzsche, Friedrich: Morgenröthe. Gedanken über moralische Vorurtheile. KSA. Band 3, Seite 231

33. Nietzsche, Friedrich: Jenseits von Gut und Böse. KSA. Band 5, Seite 87

34. Salaquarda, Jörg: Theologia Viatorum. Band XI (1973), Seite 181–213, zitiert nach: Thatcher, David S.: Eagle and Serpent in Zarathustra. In: Nietzsche-Studien. Internationales Jahrbuch für die Nietzsche-Forschung. Herausgegeben von Mazzino Montinari, Wolfgang Müller-Lauter, Heinz Wenzel. Band 6, Walter de Gruyter, Berlin/New York 1977, Seite 240

35. Marietti, Angèle: La Vertu de la Parole. La Revue de Lettres Modernes. Band IV (1957), Seite 132, zitiert nach: Thatcher, David S.: Eagle and Serpent. In: Nietzsche-Studien. Internationales Jahrbuch für die Nietzsche-Forschung. Herausgegeben von Mazzino Montinari, Wolfgang Müller-Lauter, Heinz Wenzel. Band 6, Walter de Gruyter, Berlin/New York 1977, Seite 240

36. Doderer, Heimito von: Zitiert nach einem Lexikon der Zitate und Sprichwörter, ohne Jahresangabe

37. Nietzsche, Friedrich, Zur Genealogie der Moral. Eine Streitschrift. KSA. Band 7, Seite 278

38. Nietzsche, Friedrich: Also sprach Zarathustra. Ein Buch für Alle und Keinen. KSA. Band 4, Seite 29 f.

39. Fink, Eugen: Nietzsches Philosophie. Verlag W. Kohlhammer GmbH, Stuttgart/Berlin/Köln/Mainz 1979, Seite 70

Nietzsche, Friedrich: Also sprach Zarathustra. Ein Buch für Alle und Keinen. KSA. Band 4, Seite 30	40.
Nietzsche, Friedrich: Also sprach Zarathustra. Ein Buch für Alle und Keinen. KSA. Band 4, Seite 30	41.
Nietzsche, Friedrich: Also sprach Zarathustra. Ein Buch für Alle und Keinen. KSA. Band 4, Seite 30 f.	42.
Nietzsche, Friedrich: Also sprach Zarathustra. Ein Buch für Alle und Keinen. KSA. Band 4, Seite 31	43.
Fink, Eugen: Nietzsches Philosophie. Verlag W. Kohlhammer GmbH, Stuttgart/Berlin/Köln/Mainz 1979, Seite 71	44.
Ries, Wiebrecht: Nietzsche zur Einführung. Junius Verlag, Hamburg 1990, Seite 63	45.
Nietzsche, Friedrich: Also sprach Zarathustra. Ein Buch für Alle und Keinen. KSA. Band 4, Seite 27	46.
Nietzsche, Friedrich: Ecce homo. Wie man wird, was man ist. KSA. Band 6, Seite 367	47.
Heidegger, Martin: Wer ist Nietzsches Zarathustra? In: Heidegger, Martin: Vorträge und Aufsätze. Pfullingen 1954, Seite 100	48.
Nietzsche, Friedrich: Götzen-Dämmerung oder Wie man mit dem Hammer philosophiert. KSA. Band 6, Seite 99	49.
Nietzsche, Friedrich: Zur Genealogie der Moral. Eine Streitschrift. KSA. Band 5, Seite 275	50.
Ottmann, Henning: Die blonde Bestie. In: Ottmann, Henning (Hrsg.): Nietzsche-Handbuch. Leben – Werk – Wirkung. Verlag J. B. Metzler, Stuttgart/Weimar 2000, Seite 206	51.
Mann, Thomas: Lebensabriss. In: Mann, Thomas: Gesammelte Werke in zwölf Bänden. Reden und Aufsätze. Band 3, S. Fischer Verlag, Frankfurt am Main 1960, Seite 109 f.	52.
Rilke, Rainer Maria: Der Panther. Neue Gedichte, In: Rilke, Rainer Maria: Sämtliche Werke in zwölf Bänden. Herausgegeben vom Rilke-Archiv. Insel Verlag, Frankfurt am Main 1975, Band 2, Seite 505	53.
Hesse, Hermann: Der Steppenwolf. In: Hesse, Hermann: Jubiläumsausgabe zum hundertsten Geburtstag. Suhrkamp Verlag, Frankfurt am Main 1977, Band 5, Seite 46 f.	54.

55. Benn, Gottfried: Nietzsche – nach 50 Jahren, in: Benn, Gottfried: Gesammelte Werke in vier Bänden. Herausgegeben von Dieter Wellershoff. Wiesbaden 1959, Band 1, Seite 482

56. Benn, Gottfried: Gesänge. In: Benn, Gottfried: Gedichte in der Fassung der Erstdrucke. Gesammelte Werke in der Fassung der Erstdrucke. Vier Bände, textkritisch durchgesehen und herausgegeben von Bruno Hillebrand. Fischer Taschenbuch Verlag, Frankfurt am Main 1982, Seite 47

57. Nietzsche, Friedrich: Zur Lehre vom Stil. Nachgelassene Fragmente. KSA. Band 10, Seite 23

58. Nietzsche, Friedrich: Menschliches, Allzumenschliches. KSA. Band 2, Seite 177 f.

59. Nietzsche, Friedrich: Die fröhliche Wissenschaft. KSA. Band 3, Seite 365

60. Nietzsche, Friedrich: Götzen-Dämmerung. KSA. Band 6, Seite 115

61. Nietzsche, Friedrich: Götzen-Dämmerung. KSA. Band 6, Seite 115 f.

62. Nietzsche, Friedrich: Götzen-Dämmerung. KSA. Band 6, Seite 115

Literatur

Zur Tier-Mensch-Problematik

Mensch und Tier in der Geschichte Europas. Alfred Kröner Verlag, Stuttgart 2000, Seite IX	Dinzelbacher, Peter (Hrsg.)
La Vertu de la Pavole. In: La Revue des Lettres Modernes. IV, 1957	Marietti, Angèle
Freunde und Feinde. Tiere und Menschen in der Geschichte. In: Mensch und Tier. Geschichte einer heiklen Beziehung, mit vier Zeichnungen von Robert Gernhardt. Suhrkamp Verlag, Frankfurt am Main 2001	Münch, Paul
Die blonde Bestie. In: Ottmann, Henning (Hrsg.): Nietzsche-Handbuch. Leben – Werk – Wirkung. Verlag J. B. Metzler, Stuttgart/Weimar 2000	Ottmann, Henning
Nietzsche's Animals: Idea, Image and Influence. In: Pasley, Malcolm: Nietzsche: Imagery and Thought. Collection of Essays. Methuen, London 1978, Seite 159–219	Reed, T. J.
Eagle and Serpent. In: Nietzsche-Studien. Internationales Jahrbuch für die Nietzsche-Forschung. Herausgegeben von Mazzino Montinari, Wolfgang Müller-Lauter, Heinz Wenzel. Band 6, Walter de Gruyter, Berlin/New York 1977	Thatcher, David S.

Zu Leben und Werk Nietzsches

Friedrich Nietzsche. Chronik in Bildern und Texten. Carl Hanser Verlag, München/Wien 2000	Bender, Raymond J./ Oettermann, Stephan (Hrsg.)
Nietzsche und die Philosophie. Europäische Verlagsanstalt, Hamburg 1991	Deleuze, Gilles
Nietzsche. Ein Lesebuch, Merve Verlag, Berlin 1979	Deleuze, Gilles
Nietzsches Philosophie. Verlag W. Kohlhammer GmbH, Stuttgart/ Berlin/ Köln/ Mainz 1979	Fink, Eugen
Friedrich Nietzsche. Mit Selbstzeugnissen und Bilddokumenten. Rowohlts Monographien begründet von Kurt Kusenberg, herausgegeben von Klaus Schröter. Rowohlt Taschenbuch Verlag GmbH, Hamburg 1989	Frenzel, Ivo
Friedrich Nietzsche. Verlag C.H. Beck, München 1999	Gerhardt, Volker
Nietzsche. 2 Bände. Verlag Klett-Cotta, Stuttgart 1998	Heidegger, Martin

Janz, Curt Paul	Friedrich Nietzsche. Biographie in drei Bänden. Carl Hanser Verlag, München/Wien 1978
Klages, Ludwig	Die psychologischen Errungenschaften Nietzsches. Bouvier Verlag, Bonn 1989
Köhler, Joachim	Zarathustras Geheimnis. Friedrich Nietzsche und seine verschlüsselte Botschaft. Greno Verlag GmbH, Nördlingen 1989
Köhler, Joachim	Nietzsche. Claassen Verlag GmbH, München 2001
Lessing, Theodor	Nietzsche. Mit einem Nachwort von Rita Bischof. Matthes & Seitz Verlag, München 1985
Lickint, Klaus Gerhard	Nietzsches Kunst des Psychoanalysierens. Eine Schule für kultur- und geschichtsbewußte Analytiker der Zukunft. Verlag Königshausen & Neumann GmbH, Würzburg 2000
Nigg, Walter	Friedrich Nietzsche. Mit einem Nachwort von Max Schoch. Diogenes Verlag, Zürich 1994
Prossliner, Johann (Hrsg.)	Licht wird alles, was ich fasse. Lexikon der Nietzsche-Zitate. Kastell Verlag GmbH, München 2000
Ries, Wiebrecht	Nietzsche zur Einführung. Junius Verlag, Hamburg 1990
Safranski, Rüdiger	Nietzsche. Biographie seines Denkens. Hanser Verlag, München/Wien 2000
Steiner, Rudolf	Friedrich Nietzsche ein Kämpfer gegen seine Zeit. Rudolf Steiner Verlag, Dornach/Schweiz 1977
Tanner, Michael	Nietzsche. Aus dem Englischen von Andrea Bollinger. Verlag Herder, Freiburg/Basel/Wien 1999
Vattimo, Gianni	Friedrich Nietzsche. Eine Einführung. Aus dem Italienischen übersetzt von Klaus Laermann. Verlag J. B. Metzler, Stuttgart/Weimar 1992

Nietzsche – Kurzbiografie

15. Oktober: Friedrich Nietzsche wird als Sohn des Pfarrers Karl Ludwig Nietzsche zu Röcken bei Lützen, Provinz Sachsen, geboren.	1844
30. Juli: Nietzsches Vater stirbt an Gehirnerweichung. Übersiedlung der Familie nach Naumburg.	1850
Oktober bis September 1864: Schüler der Landesschule Schulpforta bei Naumburg.	1858
Oktober: Studium der Theologie und der klassischen Philologie an der Universität Bonn.	1864
Oktober: Fortsetzung des Philologiestudiums in Leipzig. Erste Bekanntschaft mit Schopenhauers philosophischem Hauptwerk *Die Welt als Wille und Vorstellung*.	1865
Beginn der Freundschaft mit Erwin Rohde.	1866
8. November: Erste persönliche Bekanntschaft mit Richard Wagner zu Leipzig im Hause des Orientalisten Hermann Brockhaus.	1868
Februar: Berufung an die Universität Basel zum außerordentlichen Professor der klassischen Philologie. 17. Mai: Erster Besuch bei Richard Wagner in Tribschen bei Luzern. 28. Mai: Antrittsrede an der Universität Basel über *Homer und die klassische Philologie*. Beginn der Beziehungen zu Jacob Burckhardt.	1869
Entstehung der *Geburt der Tragödie* (erscheint Neujahr 1872). März 1870: Ernennung zum ordentlichen Professor. August: Teilnahme am Deutsch-Französischen Krieg als freiwilliger Krankenpfleger; schwere Erkrankung. Oktober: Rückkehr nach Basel. Beginn der Freundschaft mit dem Theologen Franz Overbeck.	1869–71
Februar bis März. Basler Vorträge *Über die Zukunft unserer Bildungsanstalten*. April: Abschied Wagners von Tribschen. 22. Mai: Grundsteinlegung des Bayreuther Festspielhauses. Wagner und Nietzsche in Bayreuth. Ende Mai: Erste Aufzeichnungen zu *Ueber Wahrheit und Lüge im aussermoralischen Sinne*.	1872
Erste Unzeitgemäße Betrachtung: David Strauß, der Bekenner und Schriftsteller. *Zweite Unzeitgemäße Betrachtung: Vom Nutzen und Nachtheil der Historie für das Leben* (erscheint 1874). Das Fragment: *Die Philosophie im tragischen Zeitalter der Griechen* (erst im Nachlass veröffentlicht).	1873

1874	*Dritte Unzeitgemäße Betrachtung: Schopenhauer als Erzieher.*
1875–76	*Vierte Unzeitgemäße Betrachtung: Richard Wagner in Bayreuth.*
1875	Erste Bekanntschaft mit dem Musiker Peter Gast (Heinrich Köselitz).
1876	August: Erste Bayreuther Festspiele, Nietzsche in Bayreuth. September: Beginn der Freundschaft mit dem Psychologen Paul Rée. Zunehmende Krankheit. Oktober: Gesundheitsurlaub von der Universität Basel. Winter in Sorrent mit Rée und Malwida von Meysenbug. November: Letztes Zusammensein Nietzsches mit Richard Wagner in Sorrent.
1876–78	*Menschliches, Allzumenschliches, Erster Teil.*
1878	Januar: Letzte Sendung Wagners an Nietzsche: *Parsifal.* Mai: Letzter Brief Nietzsches an Wagner, mit Übersendung von *Menschliches, Allzumenschliches.*
1879	Schwere Erkrankung: Aufgabe des Lehramtes an der Universität Basel.
1880	*Der Wanderer und sein Schatten, Menschliches, Allzumenschliches, Zweiter Teil.* März bis Juni: Erster Aufenthalt in Venedig. Ab November: Erster Winter in Genua.
1880–81	*Morgenröthe.*
1881	Erster Sommer in Sils-Maria im Engadin (Graubünden/Schweiz). 27. November: Nietzsche hört in Genua zum ersten Mal Bizets *Carmen.*
1881–82	*Die fröhliche Wissenschaft.*
1882	April bis November: Freundschaft mit Lou Andreas-Salomé. Ab November: Aufenthalt in Rapallo.
1883	Februar: Entstehung des ersten Teils von *Also sprach Zarathustra* (gedruckt 1883). Juni bis Juli: In Sils-Maria entsteht der zweite Teil von *Also sprach Zarathustra.* Ab Dezember: Erster Winter in Nizza.

Januar: In Nizza entsteht der dritte Teil von *Also sprach Zarathustra* (gedruckt 1884). August: Heinrich von Steins Besuch in Sils-Maria. November bis Februar: In Menton und Nizza entsteht der vierte Teil von *Also sprach Zarathustra* (erscheint als Privatdruck 1885).	1884
Jenseits von Gut und Böse (erscheint 1886).	1884–85
Oktober: Entstehung des fünften Buchs der *Fröhlichen Wissenschaft* (*Wir Furchtlosen*).	1885
Mai bis Juni: Letztes Zusammensein mit Erwin Rohde in Leipzig.	1886
Zur Genealogie der Moral. 11. November: Letzter Brief an Rohde.	1887
April: Erster Aufenthalt in Turin. Georg Brandes hält an der Universität Kopenhagen Vorlesungen *Über den deutschen Philosophen Friedrich Nietzsche*. Mai bis August: *Der Fall Wagner.* – Abschluss der *Dionysos-Dithyramben*. August bis September: *Götzen-Dämmerung* (erscheint Januar 1889). September: *Der Antichrist. Versuch einer Kritik des Christentums* (*Umwertung aller Werte, I. Buch*). Oktober bis November: *Ecce homo* (erscheint 1908). Dezember: *Nietzsche contra Wagner. Aktenstücke eines Psychologen* (erst posthum veröffentlicht).	1888
03. Januar: Geistiger Zusammenbruch in Turin. 10. Januar: Einlieferung in die Irrenabteilung der Nervenklinik Basel. 18. Januar: Einweisung in die Irren-Heil- und Pflegeanstalt der Psychiatrischen Klinik Jena.	1889
Ostern: Tod der Mutter Franziska Nietzsche, geb. Oehler. Übersiedlung mit der Schwester Elisabeth Förster-Nietzsche nach Weimar.	1897
25. August: Nietzsche stirbt in Weimar. 28. August: Beisetzung Nietzsches auf dem Friedhof zu Röcken neben seinem Vater.	1900

Richard Reschika

1962	geboren in Kronstadt/Siebenbürgen (Rumänien)
ab 1982	Studium der Germanistik, Kunstgeschichte und Philosophie in Freiburg im Breisgau und Heidelberg
1988	Magister Artium
1989/90	Kustos des Friedrich-Nietzsche-Museums in Sils-Maria im Engadin (Graubünden/Schweiz)
1990	Promotion zum Dr. phil. über die Spätlyrik Paul Celans
1991-94	Lektor beim Herder Verlag
seit 1995	tätig als freier Lektor, (Rundfunk-)Autor, Herausgeber, Übersetzer, Rezensent und Vortragender in Freiburg im Breisgau. Mitglied der Ludwig-Klages-Gesellschaft
Publikationen (Auswahl):	*Poesie und Apokalypse. Paul Celans Jerusalem-Gedichte aus dem Nachlassband Zeitgehöft*, Centaurus-Verlagsgesellschaft, Paffenweiler 1991
	E. M. Cioran zur Einführung. Junius Verlag, Hamburg 1995 (rumänische Ausgabe 1998)
	Mircea Eliade zur Einführung. Junius Verlag, Hamburg 1997 (rumänische Ausgabe 2000)
	Philosophische Abenteurer. Elf Profile von der Renaissance bis zur Gegenwart, Mohr und Siebeck, UTB, Tübingen 2001
	Übersetzungen dreier Eliade-Romane aus dem Rumänischen: *Die Hooligans*, Herder Verlag, Freiburg/Basel/Wien 1993; *Der besessene Bibliothekar*, Insel Verlag, Frankfurt/M. 1995, sowie *Isabelle und die Wasser des Teufels*, Insel Verlag, Frankfurt/M. 2001
	zahlreiche Rundfunkessays für den SWF beziehungsweise für den SWR 2 Kultur in Baden-Baden/Stuttgart

Keuchenius

geboren in Bensheim (an der Bergstraße)	1947
Pendeln zwischen Deutschland und den Niederlanden Studium an der Pädagogischen Hochschule Heidelberg (unter anderem Kunst) Studium der Germanistik und der Philosophie an der Universität Heidelberg	
Gründung der Heidelberger Schule für Kunst Leiter der Heidelberger Schule für Kunst, Fachbereich: Zeichnen	1994
Ausstellung Galerie Neuropa (Heidelberg)	1995
Museum Schloss Neckarhausen I	1998
Künstlerische Beiträge für den omega verlag Stuttgart	ab 1998
Ausstellung in der Villa Meixner (Brühl, MA) Kreiskulturwoche Rhein-Neckar (Katalog) Museum Schloss Neckarhausen II	1999
Ausstellung im Schloss Eichtersheim	2001
Ausstellung in der Galerie Nedev (Heidelberg)	2002

Subskription
Philosophie & Kunst

Nietzsches Bestiarium ist der erste Band der Reihe **Philosophie & Kunst**. Jeder Band der aufwändig gestalteten Bücher für Freunde des Geistes beinhaltet einen von einem Künstler illustrierten, philosophischen Essay. Alle Ausgaben erscheinen als gebundene Bildbände mit Fadenheftung im Format DIN A4.

Die Bände der Reihe **Philosophie & Kunst** erscheinen in loser Folge in einem Abstand von ungefähr einem Jahr. Durch die verbindliche Vorbestellung eines Bands erhalten Sie einen Preisvorteil von 20 % gegenüber dem Ladenpreis. Sie müssen keine Vorauszahlung leisten! Sie bezahlen erst bei Lieferung der jeweiligen Ausgabe den um 20 % reduzierten Ladenpreis zuzüglich eines Porto- und Versandkostenanteils. Der Preis der Einzelbände variiert je nach Umfang und Ausstattung. Alle Ausgaben sind auch einzeln erhältlich.

Die Subskription erstreckt sich immer nur auf die Lieferung eines Folgebands der Reihe **Philosophie & Kunst** und verlängert sich jeweils um einen Band, sofern nicht innerhalb von vier Monaten nach Erscheinen eines Bands eine schriftliche Kündigung erfolgt.

Sonderausgabe

Von dem vorliegenden Band ist eine vom Autor und vom Künstler handsignierte, nummerierte Sonderausgabe verfügbar. Zum Lieferumfang gehört ein Original (kein Druck!) der im Buch abgebildeten Zeichnungen (inklusive Passpartout). Die jeweilige Zeichnung kann, sofern noch verfügbar, frei ausgewählt werden. Der Preis für die Sonderausgabe beträgt 492,50 €.

Eine Lieferung der Sonderausgabe ist nur gegen Nachnahme möglich. Informationen über die noch lieferbaren Zeichnungen erhalten Sie beim Verlag.

omega verlag · Siegfried Reusch e. K.
Cheruskerstraße 9 · D-70435 Stuttgart
Tel. 07 11 / 8 79 07 46 · Fax 07 11 / 8 79 07 44
omegaverlagreusch@t-online.de
http://www.derblauereiter.de

Bankverbindung: Postbank Stuttgart
BLZ 600 100 70 · Kto.-Nr.: 36 4541 703

Hiermit reserviere ich bis auf Widerruf zur Fortsetzung je _____ Band/Bände aus der Reihe **Philosophie & Kunst** zu einem Preisvorteil von 20 % gegenüber dem Ladenpreis (zuzüglich Porto und Versandkostenanteil). Die Bezahlung erfolgt jeweils erst nach Lieferung des jeweiligen Bands. Die Reihentitel erscheinen in einer losen Folge mit einem Abstand von ungefähr einem Jahr. Die Bücher haben das Format DIN A4, sind gebunden (hardcover) und mit Fadenheftung versehen. Diese Subskription kann jeweils bis vier Monate nach Erscheinen des letzten Bands schriftlich beim omega verlag gekündigt werden.
Ich erbitte die Lieferung der Bücher und der Rechnung an meine Adresse:

_____
Name, Vorname

_____
Straße, Hausnummer

_____
PLZ, Wohnort

Ich bezahle auf folgende Weise (bitte ankreuzen):

❏ gegen Rechnung oder   ❏ bequem und bargeldlos per Bankabbuchung.

_____   _____
Bankleitzahl   Kontonummer

_____
Datum, Unterschrift

❏ Ich möchte folgende bereits erschienene Ausgaben der Reihe bestellen:
__ Exemplare: Nietzsches Bestiarium.
__ Exemplare: Nietzsches Bestiarium. Sonderausgabe.

Preisänderungen vorbehalten. Alle Preise zzgl. Porto und Versand. Stand 1.2003

Auslieferung für die Schweiz:
Buch- und Medienvertriebs AG
Hochstraße 357
CH-8200 Schaffhausen

Diese Bestellung kann innerhalb von 14 Tagen schriftlich widerrufen werden bei:
omega verlag Siegfried Reusch e. K.
Cheruskerstraße 9, 70435 Stuttgart
Der Gerichtsstand und der Erfüllungsort ist Stuttgart.

bitte als Postkarte ausreichend frankieren

omega verlag
Siegfried Reusch e. K.
Cheruskerstraße 9

70435 Stuttgart
DEUTSCHLAND

Hiermit bestelle ich je _____ Exemplar/e
- ❏ Nr. 3 ❏ Nr. 4 ❏ Nr. 5 ❏ Nr. 6 ❏ Nr. 7
- ❏ Nr. 8 ❏ Nr. 9 ❏ Nr. 10 ❏ Nr. 11 ❏ Nr. 12
- ❏ Nr. 13 ❏ Nr. 14 ❏ Nr. 15 ❏ Nr. 16 ❏ Nr. 17

der Zeitschrift **der blaue reiter – Journal für Philosophie**
Einzelpreis: € 15,10; sfr 27,50

❏ Abonnement (€ 24,10/Jahr)   ab Nr. _____

❏ Förderabonnement (€ 46,10/Jahr) ab Nr. _____

❏ Geschenkkartons mit 3 Flaschen „Symposion"
   – Sekt für Freunde des Geistes (€ 43,50)

❏ Geschenkkartons mit 1 Flasche „Symposion" (€ 15,10)

_____
Name, Vorname /bei Geschenkabonnement bitte Liefer- & Rechnungsadresse angeben

_____
Straße, Hausnummer

_____
PLZ, Wohnort

Ich bezahle auf folgende Weise (bitte ankreuzen):

❏ gegen Rechnung oder

❏ bequem und bargeldlos per Bankabbuchung.

_____   _____
Bankleitzahl   Kontonummer

_____
Datum, Unterschrift

Der verbilligte Abonnementspreis gilt nur für den aktuellen Jahrgang bis zum Erscheinen der zweiten Ausgabe des entsprechenden Jahres. Alle Preise zzgl. Porto und Versand. Stand 1.2003

Auslieferung für die Schweiz:
Buch- und Medienvertriebs AG
Hochstraße 357
CH-8200 Schaffhausen

Diese Bestellung kann innerhalb von 14 Tagen schriftlich widerrufen werden bei: omega verlag Siegfried Reusch e. K. Cheruskerstraße 9, 70435 Stuttgart. Das Abonnement gilt immer für ein Jahr (zwei Ausgaben) und verlängert sich automatisch. Es ist kündbar bis sechs Wochen vor Jahresende für den folgenden Abonnementszeitraum. Gerichtsstand und Erfüllungsort ist Stuttgart.

bitte als Postkarte ausreichend frankieren

**Siegfried Reusch e. K.
Cheruskerstraße 9**

**70435 Stuttgart
DEUTSCHLAND**

der blaue reiter
im omega verlag

der blaue reiter – Journal für Philosophie ist die meistverkaufte Philosophiezeitschrift deutscher Sprache: Renomierte Autoren garantieren für gleichermaßen anspruchsvolle wie verständliche Texte. Eine aufwändige, künstlerische und grafische Gestaltung macht den blauen reiter zum Lesevergnügen für alle Freunde des Geistes.

„... Prinzip Spaß am Denken ..." *Südwestpresse*

„... das einsteigerfreundliche Journal für Philosophie ..." *Der Spiegel*

„Das Journal ist anspruchsvoll gestaltet, allzu schwere Texte werden schon mal umgeschrieben, Fachausdrücke erklärt ..." *Die Zeit*

„... äußerst lesenswert ..." *Frankfurter Allgemeine Zeitung*

„... Sokrates hätte das vermutlich gefallen ..." *Frankfurter Rundschau*

Den *blauen reiter* erhalten sie in jeder guten Buchhandlung (lieferbar über die Barsortimente) oder besser direkt beim Verlag:

omega verlag · Siegfried Reusch e. K.
Cheruskerstraße 9 · D-70435 Stuttgart
Tel. 07 11 / 8 79 07 46 · Fax 07 11 / 8 79 07 44
omegaverlagreusch@t-online.de
http://www.derblauereiter.de

der blaue reiter erscheint zweimal jährlich. Folgende Ausgaben sind bisher erschienen:

Ausgabe 1: **Was ist Philosophie?**
Ausgabe 2: **Wahrheit/Wirklichkeit**
Ausgabe 3: **Ethik**
Ausgabe 4: **Grenzpunkt Mensch**
Ausgabe 5: **Zeit**
Ausgabe 6: **Eros des Denkens**
Ausgabe 7: **Mythos Staat**
Ausgabe 8: **Sinn–Unsinn**
Ausgabe 9: **Naturlos**
Ausgabe 10: **Götter**
Ausgabe 11: **Geld**
Ausgabe 12: **Schön Sein**
Ausgabe 13: **Welt-Bilder**
Ausgabe 14: **Glück**
Ausgabe 15: **Ich**
Ausgabe 16: **Sex**

Weitere Informationen über den Inhalt der einzelnen Ausgaben sowie Leseproben finden Sie auf unserer Homepage unter:
http//www.derblauereiter.de